U0749230

人力资源培训与开发

周　洁　著

清华大学出版社

北　京

内 容 简 介

　　人力资源培训与开发是人力资源管理专业方向的一个核心课题，本书结合作者对本领域的研究实践，对人力资源培训与开发基础、培训体系的构建、培训需求分析、培训计划、培训设计与课程开发、培训方法、培训效果评估、人员培训与能力开发、职业开发和职业生涯管理等方面的内容进行讲解。本书内容题材新颖，集合了较为成熟的新近研究成果，具有较强的实践指导意义。

　　本书适合作为高等院校经管类相关专业课程的教材和相关人力资源培训机构的指导教材，也可作为企业培训师、培训专员及企业管理者的自学读物。

图书在版编目(CIP)数据

人力资源培训与开发/周洁著. —北京：清华大学出版社，2020.11 (2025.8重印)
ISBN 978-7-302-56443-0

Ⅰ. ①人…　Ⅱ. ①周…　Ⅲ. ①人力资源管理 ②人力资源开发　Ⅳ. ①F243 ②F240

中国版本图书馆 CIP 数据核字(2020)第 178269 号

责任编辑： 桑任松
装帧设计： 刘孝琼
责任校对： 李玉茹
责任印制： 刘海龙

出版发行： 清华大学出版社
　　　　　网　　　址：https://www.tup.com.cn, https://www.wqxuetang.com
　　　　　地　　　址：北京清华大学学研大厦 A 座　　邮　　编：100084
　　　　　社 总 机：010-83470000　　　　　邮　　购：010-62786544
　　　　　投稿与读者服务：010-62776969, c-service@tup.tsinghua.edu.cn
　　　　　质量反馈：010-62772015, zhiliang@tup.tsinghua.edu.cn
　　　　　课件下载：https://www.tup.com.cn, 010-62791865
印 装 者： 三河市君旺印务有限公司
经　　销： 全国新华书店
开　　本： 185mm×230mm　　**印 张：** 12　　**字　数：** 288 千字
版　　次： 2020 年 11 月第 1 版　　**印　次：** 2025 年 8 月第 3 次印刷
定　　价： 36.00 元

产品编号：086227-01

前　言

随着战略人力资源管理时代的到来，人力资源培训与开发成为将人力资源从潜在生产能力转化为现实生产力不可或缺的环节，对提升员工技能和素质、增强企业核心竞争力等有着重要的作用。本书对人力资源培训与开发基础、培训体系的构建、培训需求分析、培训计划、培训设计与课程开发、培训方法、培训效果评估、人员培训与能力开发、职业开发和职业生涯管理等方面内容展开讲述。本书体系完整，理论知识精简实用，具有如下特色。

(1) 案例导入、学思结合。本书每一章均有导入的案例、理论分析与章末的小结，以较新的案例引发读者思考与探求的兴趣，更好地满足高等院校教与学的需求，指导读者学思结合。本书适合作为高等院校经管类相关专业课程的教材和相关人力资源培训机构的指导教材，也可作为企业培训师、培训专员及企业管理者的自学读物。

(2) 培训开发双能并重。培训重在关注当下短期目标，使员工掌握当前工作中所需要的知识和技能，掌握基本的工作知识、方法、步骤和过程，提高工作绩效；开发着眼于未来长期目标，挖掘和激励员工潜在的能力和素质，提高其面向未来职业的能力。本书层层递进，从培训开发系统角度探究如何鼓励员工主动制定自己的职业发展目标，不断提升自己的技能，增强自己终身就业的能力，更好地适应由新技术、顾客或产品市场带来的变化。

(3) 理论实践篇幅得当。本书内容结合理论研究与实践经验，以人力资源培训与开发为"抓手"，探索调动员工积极性，发挥员工潜能，为企业创造价值提供实操指导。本书在研究建立人力资源培训开发系统的同时，也在总结部分传统知识结构不符合社会发展需求的问题，希望呈现给读者一本有用、实用和好用的指导用书。总而言之，本书力求将人力资源培训与开发的实用、全面、新颖融为一体，为读者从事人力资源管理工作提供指导与参考依据。

本书由周洁撰写，同时参考了相关领域的著作和文献，以及最新研究成果，在此一并表示感谢。

由于作者水平有限，本书可能存在一些不足与疏漏之处，欢迎广大读者批评指正，以便我们今后能够做得更好。

作　者

目　　录

第1章　人力资源培训与开发基础

【案例】

重视员工培训的可口可乐

　　风行全球 110 多年的可口可乐公司是全世界最大的饮料公司，也是软饮料销售市场的龙头和先锋。其产品囊括了世界最畅销五大名牌中的 4 个(可口可乐、健怡可口可乐、芬达及雪碧)。产品通过全球最大的分销系统，畅销世界 200 多个国家及地区，每日饮用量达 10 亿杯，占全世界软饮料市场的 48%。

　　而重视员工培训，正是这家传统饮料公司能够长盛不衰的一个重要原因。

　　可口可乐人事部的一名负责人说："可口可乐是一家培养人才的公司，生产碳酸饮料不过是我们的副业。"给员工足够的培训机会已成为可口可乐经营理念的一部分。可口可乐公司在中国各地都有训练中心、管理学院，对不同等级、不同岗位的员工给予不同的训练。可口可乐中国有限公司对外事务副总监李小筠说："因为每一天，我们的业务都在不断地发展，我们的人员本身都应该不断地学习、自我提高，才能应付市场变化的挑战。"在可口可乐，员工会觉得自己有机会学到很多东西，有很多培训发展的机会。一般来说，员工总是期望公司给自己提供更多机会，但有时机会并非外人给予，而是靠自己设计和创造的。因此，个人首先应确定一个清楚的目标和计划，然后一步步走下去，这样才会得到更好的发展。

(资料来源: http://www.docin.com/p-147344435.html)

思考:

1. 你觉得可口可乐公司培训的动机来自哪里？

2. 要想做好人力资源的培训和开发，企业需要注意哪些问题？

　　培训理论最初由"科学管理之父"弗雷德里克·温斯洛·泰勒于 1911 年提出，并形成了科学管理理论，奠定了推动组织发展的培训观念。20 世纪 60 年代，雨果·芒斯特伯格和维特尔斯将心理学和培训进行结合，对培训开始进行系统的研究。时至今日，无论在西方发达国家，还是在我国，人力资源培训都经历了从无到有、再到不断完善和丰富的过程。

人力资源作为最主要、最宝贵的资源，已经成为现代管理的核心课题。不断提高人力资源培训和开发的水平，不仅是现代企业发展的需要，更是一个地区甚至国家兴旺发达的重要保证。

1.1　人力资源的定义及特点

《中共中央关于制订国民经济和社会发展第十个五年计划的建议》提出："人才是最宝贵的资源。当今和未来的国际竞争，说到底是人才的竞争，要把培养、吸引和用好人才作为一项重大的战略任务切实抓好。"这充分表明党中央对人才资源的高度重视。21 世纪是知识经济时代，科技革命迅猛发展，经济全球化趋势日益增强，这是一个汇聚着人类最新科技成果的时代。在这个时代，知识和人才的价值被突出地体现出来，以致被称为第一资源。在农业经济时代，土地是财富和权力的象征，战略资源主要是土地资源；在工业经济时代，物质资本成为人们追求的对象，战略资源主要是原材料、能源；到了知识经济时代，人才资源是一个国家经济和社会发展最主要的战略资源，成为决定一个国家综合国力的重要因素。

"资源"意为资财的来源。在经济学的范畴，资源囊括了所有投入生产活动的要素，其作用就是创造物质财富。经济学将其分为四类，即自然资源、资本资源、信息资源和人力资源。其中人力资源是最重要的一类，它在生产活动中最为活跃，因此被经济学家称为"第一资源"。

1.1.1　人力资源的定义

人力资源(Human Resources，HR)是指在一个国家或地区中，能够推动整个经济和社会发展的劳动者的能力，即处于劳动年龄、未到劳动年龄和超过劳动年龄但具有劳动能力的人口之和。

人力资源广义的概念是以国家或者地区为单位进行划分和计量的，意为一个社会具有智力劳动能力和体力劳动能力的人的总和，包括数量和质量两个方面；而狭义的定义则是以部门和企、事业单位进行划分和计量的，意为组织所拥有的用以制造产品和提供服务的人力。

一般而言，人力资源的数量为具有劳动能力的人口数量，其质量指经济活动人口所具备的体质、文化知识和劳动技能水平。

一定数量的人力资源是社会生产的必要的先决条件，同时其数量要与物质资料的生产相适应。一旦人力资源过剩，不仅会消耗大量的新增产品，还会导致多余的人力无法就业，将会给社会经济带来不利影响。人力资源素质的提高是经济发展的主要推动力，随着现代生产中先进科学技术的广泛应用，人力资源的质量在经济发展中的作用日趋重要。

人力的基本方面包括体力和智力。如果从现实的应用形态来看，则包括体质、智力、知识和技能四个方面。而具有劳动能力的人，并非泛指一切具有一定的脑力和体力的人，而是指可以独立参加社会劳动、推动整个经济和社会发展的人。因此，人力资源既包括劳动年龄内具有劳动能力的人口，也包括劳动年龄外参加社会劳动的人口。

人力资源的数量构成包括已就业人口、待业人口及其他情形。具体而言，已就业人口是就业人口的主体，就业人口的总体涵盖了处于劳动年龄内、正在从事社会劳动的人口，以及未成年就业人口和老年就业人口。这一部分连同待业人口一同构成经济活动人口。

此外，还有处于劳动年龄内，正在求学、从事家务劳动，以及在军队服役的人口等。

目前，劳动年龄因各国的社会经济条件差异而各不相同。一般国家规定劳动年龄的下限为 15 岁，上限为 64 岁。我国的劳动年龄区间为男性 16～64 周岁，女性 16～59 周岁。

1.1.2　人力资源的特点

与其他资源不同，人力资源作为国家经济资源中特殊的构成部分，其开发和利用有自身的规律和特点。具体而言，人力资源主要有以下特点。

(1) 人力资源具有生物性

生物性是人力资源最基本的属性，它存在于人体中，与人的自然生理特征紧密联系。

(2) 人力资源具有智力性

动物都是依靠自身的生理运动获得生存资料，只有人类利用物质资料创造出工具，通过智力将自身的能力进行无限扩大，从而获得丰富的生活资料。人类的智力具有继承性，这就决定了人力资源所具备的劳动能力可以随着时间的推移得以积累、延续和增强。

(3) 人力资源具有能动性

能动性，即能有目的地进行改造外部世界的活动。人具有意识，与低水平的动物意识不同，人类的意识对自身和外界都有着清晰的观点，能对自身的行动做出抉择，这种意识使人在社会生产中居于主体地位，使人力资源具有了能动作用，从而推动社会经济活动按照人类的意识轨迹发展。

(4) 人力资源具有再生性

经济资源分为可再生资源和不可再生资源，可再生资源能够通过自然力以某一增长率保持或增加蕴藏量；而后者多指储量有限且不可更新的矿产资源，如金矿、铁矿、煤矿等，每开采一次，其总量就会相应减少，并且不会依靠自身机制恢复。人力资源是一种可再生资源，其再生性即人口的再生产和劳动力的再生产，通过人口总体内个体的不断替换更新和劳动力再生产的过程得以实现。与一般生物资源的再生性不同，人力资源的再生性除了遵守一般的生物学规律之外，还受人类意识的支配和人类活动的影响。

(5) 人力资源具有时效性

人是生物有机体，有其生命的周期。能够纳入人力资源的人口，其从事劳动的自然时间只能是生命周期中的一段；同时，人的劳动能力是随着时间而变化的，尤其是"劳动人口与被抚养人口"的比例，也处于不断变化中。

(6) 人力资源具有社会性

从宏观上看，人力资源总是与一定的社会环境相联系的，它的形成、配置、开发和使用都是一种社会活动；从本质上说，人力资源是一种社会资源，它的形成源于社会，它的配置要依靠社会，它的使用也要处于社会劳动分工体系之中。因此，人力资源是一种社会资源，应当归整个社会所有，而不应仅仅归属某一个具体的社会经济单位。

1.2 人力资源培训概述

1.2.1 人力资源培训的定义

从广义上说，人力资源培训是指组织向员工传授其完成本职工作、提高工作能力所必须掌握的各种知识和技能的过程。相关的知识和技能包括与工作相关的知识、技能、价值观念、行为规范等内容。

从狭义上说，人力资源培训是指为组织利益和目标而有序、有效地提高员工工作绩效的行为，是创造基本和高级技能、了解客户和生产系统以及自我激发创造力等智力资本的途径。

综合来说，人力资源培训是指组织根据发展需要和岗位需求，对员工系统化地进行相关知识和技能的训练，以提升员工知识、技能、态度和素质，改善员工工作绩效。

1.2.2 人力资源培训的效用

在诸多的生产力要素中，人是最重要、最活跃的因素，它决定了小到一个企业，大到一个国家的命运。而人的素质的提高，一方面需要个人在工作中的努力和探索，另一方面更离不开有计划、有组织、科学的培训。尽管组织通过招聘也可以吸纳人才，但培训仍然是组织最具竞争力的武器。

人力资源培训根植于"组织的生存和发展"，其目的就是使员工能够胜任岗位的要求，从而提高企业的生产力和竞争力，进而实现组织发展和个人提升相统一。

人力资源培训的作用主要体现在以下几个方面。

(1) 培训是锻造人才的重要途径

进入 21 世纪，人才成为世界经济和社会发展最重要的战略资源，是决定一个国家兴衰存亡的关键。社会对人才的需求愈发迫切，也越来越多元，从而对各层次人才的培养提出了更高的要求。单纯依靠学校教育已经难以满足时代的需求，因此，大力发展成人教育迫在眉睫，人员培训即是重中之重。

(2) 培训能够有效地调动员工积极性

组织中的人员虽然因各自的实际情况不同而出现不同的主导需求，但都希望学习到新的知识、技能，也渴望接受挑战性的任务，尤其对于高层次的人才而言，这种需求更为突出，而这些都离不开人力资源的培训活动。

当组织关注到员工的自我实现需要时，安排员工参加培训，将激发出员工深刻、持久的工作动力。经过培训，员工的能力和素质不仅得到了提升，工作动机和态度也得到了改善。因此，培训是调动员工积极性的有效方法。

(3) 培训有助于提高整体绩效

一方面，通过培训可以使员工减少工作中的失误，降低生产中发生事故的概率，并减少因此而造成的损失；另一方面，员工通过培训，技能得到了提升，工作效率得到了改善，这样可以减少工作资源的消耗和浪费，从而使员工和组织的整体效益得到提高。

(4) 培训可以提高组织素质和竞争力

通过人力资源培训，按照时代及组织运营需要对员工进行文化养成教育，从而使具有不同价值观、信念、工作作风及习惯的员工形成统一的文化理念，营造出和谐的工作集体。

当工作效率和产能得到了提高，工作和生活质量得到了改善，企业的竞争力自然就得到了提升。

1.2.3　人力资源培训的种类

人力资源培训的分类，可以根据培训对象、培训内容、培训与工作关系、培训方式等进行划分，具体如下。

1. 按培训对象划分

根据培训对象的不同，人力资源可以从职务级别、职务类别和人员资历三个方面进行分类。

(1) 按照职务级别划分，包括领导层培训、高层管理者培训、中层管理者培训、基层管理者培训等。

(2) 按照职务类别划分，包括营销部门培训、生产部门培训、经营管理部门培训、总务部门培训等。

(3) 按照人员资历划分，包括资深员工培训、新进员工培训等。

2. 按照培训内容划分

根据培训内容不同，人力资源培训可以分为知识型培训、技能型培训、态度型培训、潜能型培训、道德型培训，以及法律法规、制度规范培训等。

3. 按照培训与工作关系划分

按照培训与受训者工作关系不同，人力资源培训可以分为岗前培训、在岗培训和脱岗培训三类，具体分析如表 1-1 所示。

4. 按照培训方式划分

按照培训所采用的方式方法不同，人力资源培训主要包括课堂授课、案例分析、管理游戏、模拟游戏、角色扮演、视频教学、课题研究、头脑风暴、集体讨论等。

表 1-1　人力资源培训的类型及其定义

	定　义	对　象	内　容
岗前培训	指向受训者介绍组织规章制度、组织文化、组织业务等内容	新入员工；组织内部轮岗、轮换及晋升人员；因新技术、新标准、新产品引进而需要培训的人员	组织历史、组织使命及远景规划；组织业务、岗位工作介绍和业务知识；组织的环境、内部机构、经营方式、员工组成、工作流程；组织管理规则等
在岗培训	指员工不脱离岗位，利用业余时间和部分工作时间参加的培训	在职员工	与岗位相关的知识、技能、规则等
脱岗培训	指受训者在工作现场外接受训练	在职员工	涉及知识、技能、业务、态度等方面

1.3　人力资源开发概述

1.3.1　人力资源开发的相关概念

人力资源开发(Human Resource Development，HRD)，这一概念是由美国学者纳德勒(Nadler)提出的，兴起于 20 世纪 80 年代。他认为，人力资源开发是"雇主所提供的有组织的学习经验，在某一特定时间内，产生组织绩效和个人成长的可能性"，它旨在提升组织人力资源质量的管理战略和活动。

学者史密斯认为，人力资源开发是"决定发展和改善组织中人力资源最佳方法的一种程序，以及经由训练、教育、发展与领导行为，有计划地改进绩效和人员生产力，以同时达成组织与个人目标的做法"。

学者吉利(Gilley)和埃格兰德(Eggland)认为，人力资源开发是"组织中安排的有计划的学习活动，经由提升绩效和个人成长，以改善工作内容、个人与组织"。

美国培训与发展协会(ASTD)认为，人力资源是"整合训练与发展、职业发展与组织发展，以提高个人和组织效率的作为"。

我国有学者认为，人力资源开发是指为充分、科学、合理地发挥人力资源对社会经济发展的积极作用而进行的资源配置、素质提高、能力利用、开发规划及效益优化等一系列活动的整体。

另有学者认为，人力资源开发包括两个方面，不仅要从降低成本的角度提升人才的投资效益，还要关注挖掘人的潜力。

基于以上理解，本书认为，人力资源开发是指组织根据组织战略目标、结构变革或者内外部环境的综合分析，对既有人力资源进行调查、分析、规划、调整，以提高组织或者团队成员的人力资源管理水平和素质潜能，从而实现组织和个人发展的共同目的的过程。

1.3.2 人力资源开发的内容

现代人力资源开发不仅囊括了传统意义的培训和开发领域，还包括组织发展和职业开发。其职能亦由培训与开发向包括组织发展和职业开发在内开始转变。

1. 培训与开发

培训与开发是人力资源管理的一项重要职能和手段。培训与开发，是指组织为使员工获得或者改进与工作有关的知识、技能、动机、态度和行为等，所做的计划性、系统性的各种工作。

对于组织而言，在整体人才规划战略指引下，组织通过该职能去实现战略目标下的合格人才培养和开发需求，这是培训与开发模块的重点工作方向。组织通过培训与开发的各项工作，可以有效地提高员工的工作绩效，从而引导员工共同为组织的战略目标贡献力量。

2. 组织发展

组织发展(Organizational Development，OD)是指为了提高组织效率，解决组织中存在的问题并实现组织的发展目标，根据组织内外环境的实际情况及变化，有计划地改善和更新组织发展的过程。

组织发展是基于组织理论，重点关注改善和更新个体的行为、人际关系、组织文化、组织结构及组织管理方式，最终实现增强组织生命力和提升组织效能的目标。需要注意的是，组织发展不仅需要解决组织短期内面临的业绩问题，更要关注组织长期的发展。

通常来说，组织要实现发展的目的，需要具备以下几个条件。

(1) 组织中的管理层要意识到组织变革的重要性，且其他管理者对变革无强烈反对态度。

(2) 组织管理者有为组织的发展进行长期改进的意愿。

(3) 组织变革需要由工作重新设计、部门重组、兼并、并购、流程再造等问题来引发。

(4) 组织管理者及员工对于变革过程中出现的问题和建议都有包容和接纳心态。

(5) 组织内部各个部门及环节、员工之间都维持较好的信任与合作。

(6) 必要时，组织中的高级管理层会聘请外部咨询专家或者第三方机构，并对其活动给予充分支持。

3. 职业开发

职业开发，是指在确保个人职业目标与组织目标一致的基础上，为了获得或改进个人与工作有关的知识、技能、动机、态度、行为等因素，以利于提高工作绩效、实现职业生涯目标而进行的各种有目标、有计划、有系统的活动。其重点在于使得个人职业发展与组织发展相互促进。

职业开发包括两个过程：职业规划和职业管理。前者主要强调个人在职业生涯发展中的主观能动性，个人在充分了解自己的兴趣、价值观和机会等因素的基础上，对自己的技术、能力进行评估，从而匹配相应的职业生涯发展目标，建立并实现职业规划方案。后者主要指组织在员工的职业发展过程中所起到的督导员工实施其职业生涯规划的主导作用。

职业规划和职业管理是整个人力资源开发的重要组成部分，为人力资源开发活动提供指向。具体而言，职业开发的作用主要体现在以下几个方面。

(1) 职业开发可以将个人发展需求与组织发展需要有机结合，形成人力资源开发的共同力量。

(2) 职业开发使员工个体与组织在发展中获得双赢。

(3) 职业开发可以帮助组织留住优秀人才以及获得更多的人力资源。

1.3.3 人力资源开发的原则

(1) 重要性原则

虽然人力资源开发工作普及全员，但需要结合组织的具体情况，对人力资源开发工作分出轻重缓急，做到主次分明。切忌脱离实际，盲目进行均等投资。

(2) 可操作性原则

人力资源的开发与培训都需要一定的经费支出，因此，要充分考虑当前的财务情况并做好预算。此外，还要考虑开发活动对当下工作的影响，以确保人力资源开发工作切实可行。

(3) 持续性原则

人力资源开发可以有效地调动员工的积极性、自觉性和创造性，但这种状态会因后期的各种原因难以持续。因此，组织要注意关注员工的状态，随时介入引导，持续开发。

1.3.4 人力资源开发的特点

基于人力资源自身的特性，人力资源开发的主要特点如表 1-2 所示。

表 1-2 人力资源开发的主要特点

人力资源开发的特点	以明示人类的自身价值为基础
	其开发对象是人力资源及其整个组织
	目标是改善人力资源的质量和组织效能
	核心是学习。这种学习既包括个人学习，也包括组织学习；既包括校内学习，也包括职场学习
	是一种问题取向的活动，主要是将若干学科的理论与方法应用于解决人力及组织问题
	是一种系统途径，有效地将组织的人力资源及其潜能与技术、结构、管理过程紧密结合
	是一种规划性活动，主要涉及需求评估、目标设定、行动规划、执行、效果评定等
	是一个持续不断的过程，而非短期的、一劳永逸的战略

1.3.5 人力资源培训与开发的关系

作为人力资源管理系统的一个组成部分，人力资源培训与开发都是由组织来策划的，是面向员工和企业本身的一种学习过程。两者的目的都是将学习内容与工作目标融合为一体，实现个体与组织的双赢。

然而，两者却又不尽相同。培训是通过对员工的教育或指导使其具备胜任目前工作所需要的能力与知识；人力资源开发是企业通过培训及其他工作改进员工能力水平和企业业绩的一种有计划的、连续性的工作，其拥有更长久的关注点，规划性更强。

具体而言，人力资源培训与开发的关系如表 1-3 所示。

表 1-3　人力资源培训与开发的关系

区　别	人力资源培训	人力资源开发
目标	短期绩效	长期规划
内容	理念培训、心态培训、能力培训、个人技能培训、企业培训(公开课，企业内训、企业咨询、企业网络培训)	借助教育培训、激发鼓励、科学管理等手段来进行。 人既是开发的主体，又是被开发的客体。同时开发过程既受主观因素的影响，又受客观因素的影响
方法	讲授法、演示法、研讨法、视听法、角色扮演	在职开发方法(工作轮换、指导/实习、初级董事会、行动学习)、脱岗开发方法(正规教育、研讨会或大型学者会议、周期性休假、企业内部开发中心、文件筐技术)
关注焦点	目前的工作	未来的工作
参与方式	强制要求	自愿参与
工作经验联系度	强	弱
与当前组织关联性	持续时间短，集中性和阶段性长	具有分散性和长期性

小　　结

本章主要讲述了人力资源培训与开发的相关内容，包括人力资源相关的含义、特点；其次概述了人力资源培训的相关定义与其效用，总结了人力资源培训使员工能够胜任岗位的要求，从而提高企业的生产力和竞争力；最后总结了人力资源开发需展开的内容、原则、特点，以及人力资源培训与开发的关系。

第2章 培训体系的构建

【案例】

奥的斯的成功之道

作为全球最优秀的电梯公司以及行业领先者，从2003年开始，奥的斯招聘新人的数量以每年100%的速度保持增长。尽管奥的斯的招聘人数一直在赶超它自身的发展步伐，但这并不足以成为奥的斯成功的主因。奥的斯之所以这么成功，在于它开发了符合奥的斯文化的新员工发展培训计划，从而能全面培养新人的技能和素质。看到奥的斯的成功，很多企业都纷纷模仿它的培训模式，然而效果却参差不齐。

让我们分享一下奥的斯新员工培训的部分内容。

新人在入职后，会先安排到奥的斯总部的全国培训中心参加为期两周的入职培训。在那里，新人会了解到公司文化、公司产品特色，这也是同事之间的第一次相互熟悉过程。

入职培训过后，这些新人根据当时的申请岗位被输送到集团各分支机构和职能部门。在那里新人会了解到自己部门在公司的职责，跟自己的上司第一次见面，当然公司也会安排个人导师扶持新进员工的日常工作。

除了上述安排，为了在日常工作中对新员工给予持续的激励和辅导，奥的斯培训中心通过每月编辑的电子培训刊物(E-Magazine)不断向他们传递工作方法和自我激励与发展的信息，协助他们稳步地完成从新人到公司所需要的职业员工的角色转换。

奥的斯在帮助新人尽快适应新环境、快速成长而提供各种学习与发展机会的同时，也对他们的工作技能和业绩表现进行紧密的跟踪与评估，从而确保培养和保留符合公司发展需要的具有胜任能力的人才。

我们可以看出，奥的斯的培训体系不仅仅考虑到了公司对员工的需求，也考虑到了员工对自身发展的需求，这种双向需求所带来的协同效应威力是巨大的，我们通常把这类培训体系称为战略性培训体系。作为该培训体系的佼佼者，奥的斯持续获得行业内的十大最佳雇主称号。

(资料来源: http://blog.sina.com.cn/s/blog_4b2fce870102w9mg.html)

思考：

1. 奥的斯自成一套的培训体系体现了什么？

2. 为什么其他企业效仿奥的斯，也想打造一套类似的培训体系却没能成功呢？

2.1 培训体系概述

2.1.1 培训体系的界定

人力资源培训是基于实际工作需要，为提高劳动者的素质和能力而对其实施的专业培养和训练。人力资源培训是企业人力资源管理中必不可少的一个环节，作为人力资源开发的一种方式，培训以提高员工的当前工作技能为主要目标，而人力资源开发主要挖掘与员工当前工作不直接相关的内容。两者的区别如表 2-1 所示。

表 2-1　人力资源培训与人力资源开发的区别

	内　容	目　标	效　用	风　险
人力资源培训	与岗位匹配的知识与技能的掌握	满足当前工作需要	当前	较低
人力资源开发	潜能挖掘及现有能力的充分开发	实现未来组织需求	将来	较高

对于企业而言，为了实现培训的最佳效果，降低培训的风险，就需要建立科学合理的人力资源培训体系。

培训体系，是指为了实现一定的培训目标，组织在内部建立起与组织发展及人力资源管理相配套的培训组织管理体系、培训需求分析体系、培训课程开发体系、培训预算控制体系、培训师资管理体系、培训效果评估体系和培训制度规范保障体系等。

培训体系是一个动态平衡的体系，包括培训课程体系和培训讲师调整，以及如何激励员工培训意愿、如何开发和管理培训供应商、如何把培训课程的内容转化为工作流程和规范化的操作文件等。这些都是培训管理体系不可或缺的考量因素，需要通过制定相关制度加以落实。

培训体系是在企业内部建立一个系统的、与企业发展及人力资源管理相配套的培训管理体系、培训课程体系及培训实施体系。具体界定内容如图 2-1 所示。

培训管理体系	培训课程体系	培训实施体系
包括培训制度、培训政策、管理人员培训职责管理、培训信息收集反馈与管理、培训评估体系、培训预算及费用管理、培训与绩效考核管理等一系列与培训相关的制度。	指建立并完善包括企业文化培训、入职培训、岗位培训、专业知识和专业技术培训、营销培训、管理和领导技能培训等一系列具有本企业特色的培训课程。	包含为确保企业培训制度实施,通过培训活动的有效组织和落实、跟踪和评估、改善和提高,体现培训价值的一整套控制流程。

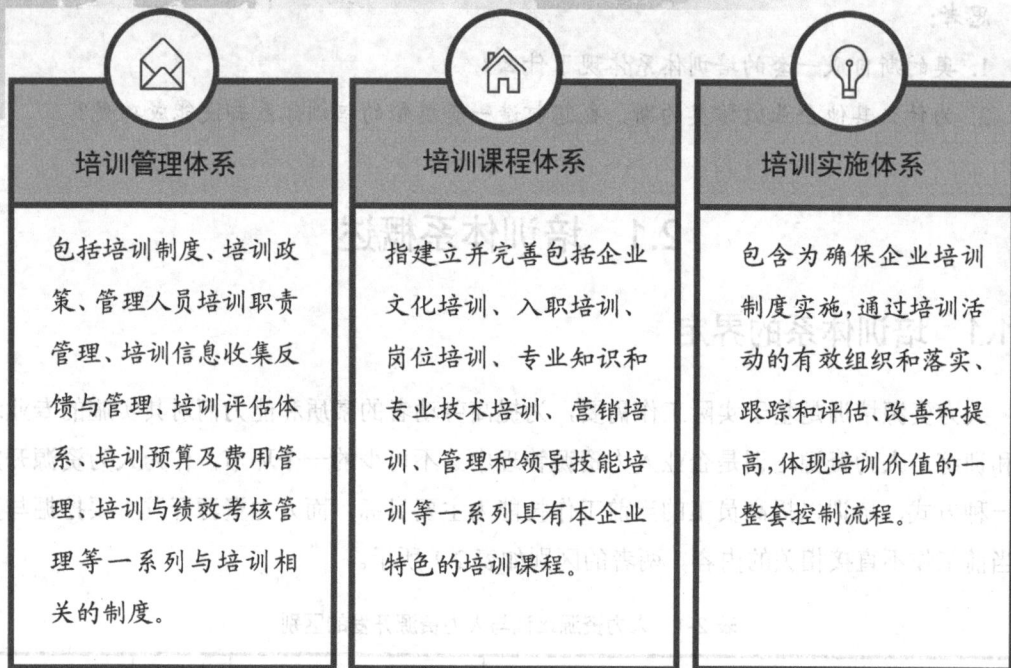

图 2-1　培训体系的具体界定

2.1.2　培训体系的内容

如图 2-2 所示,一个完整的培训体系涉及多方面的因素,其内容可以简单概括为五个部分,即"5T 模型":制度标准(Touchstone)、培训课程(Text)、培训实施(Training)、测试考核(Test)及完善工具(Tool)。

1. 完善的制度标准

在实际操作过程中,完善的制度标准需要从四个方面入手。

(1) 组织设置。即根据企业的具体情况,设立相关的培训部门或岗位。

(2) 培训计划。一个科学的培训计划需要依据企业现有发展水平、扩张计划来制订,同时一旦计划确立,就必须严格按照计划执行。

(3) 培训预算。即培训的费用,它是培训得以落实的基本保障和前提。

(4) 培训日常管理。将培训的制度和计划在日常工作中具体落实。

5T模型：

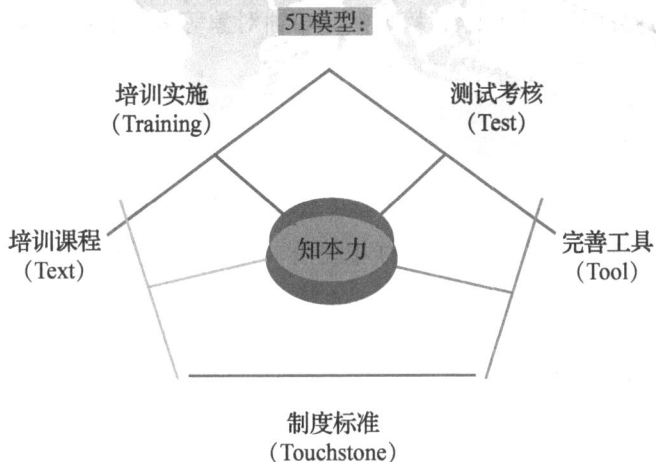

图 2-2 完整的培训体系

2. 培训课程

培训课程体系建立在培训需求分析的基础上，根据员工不同的素质和能力可以分为入职培训课程、固定培训课程和动态培训课程。

(1) 入职培训课程。属于普及型培训，课程的设置也较为简单，主要包括企业文化、企业政策、企业相关制度和企业发展历史等内容的培训。

(2) 固定培训课程。固定培训属于基础性培训，包含员工工作调动、职位晋升、绩效考核等方面内容，主要弥补员工能力和知识方面的不足。

(3) 动态培训课程。该项课程紧跟企事业管理和科技发展的动态过程，并基于组织发展的战略目标进行培训分析，从而确保进一步提升员工的能力。

3. 科学的培训实施

培训的实施需要坚持针对性、有效性、实用性三个基本原则，并在实施的过程中不断地探索和总结。

4. 测试考核

企业和组织为了保证培训目标的实现和巩固培训成果，就要按照一定的标准对培训结果进行测评。通过对培训对象和培训主体进行调查、分析，考察培训者在培训实施后，工作是否得到有效的改善。

培训考核的内容涉及培训组织、培训师、培训对象等多方面；考核过程不但包括培训后评估，还必须强调培训前和培训中的评估。

5. 健全的完善工具

这是指培训体系的自我完善工具和方法，主要指通过专业的工具、方法对培训对象的培训需求进行诊断、提炼、描述，并依据相关需求对培训课程内容、方法等方面进行不断的改进完善，以使得培训能适应和满足企业的发展需求。

2.1.3 培训体系的分类

基于不同企业组织自身规模和结构的差异，培训体系也有所不同，具体如下。

1. 中小型企业员工培训体系

中小型企业规模都比较小，员工数量不多，不需要设立专门的培训机构，往往由某个岗位来实施培训工作。这样既可以提升培训管理效率，还可以降低成本，有利于中小型企业的发展。比如，在企业内部设立行政人事部门，员工培训和人力资源规划工作可由人事主管和行政人事部主任把控实施。

2. 大型企业员工培训体系

大型企业员工数量庞大，独立实施的培训工作无法满足员工的培训需求，通常需要设置专门的培训机构，对员工进行培训。其设置方式主要有两种，即培训机构设置在人力资源部之下，或者培训机构与人力资源部并列，独立成为一个部门。

2.1.4 培训体系的阶段性

企业的培训体系并非一成不变，在同一个组织内部，当处于不同的发展阶段时，也需要对培训体系进行适当调整。

1. 创立期

企业在这一阶段的培训体系属于初级型，主要是基于问卷搜集分析培训管理形态，充分发挥创始人的人格魅力和创新能力，在不断学习的同时，发掘和选拔工作中的高级人才，为企业日后的规范化和制度化打好基础。

2. 成长期

这一时期的企业培训体系较为简单，是基于课程需求建立的培训体系。企业培训体系需要对组织结构进行完善，加强组织人才培养工作，广泛吸纳高层次人才，搭建员工的信任与承诺关系，实现其自我管理和个体发展。

3. 成熟期

这一阶段的企业培训体系较为精致，是基于胜任力模型所构建的培训体系。企业应积极建立"学习型组织"，向企业员工提供企业发展蓝图，筹建人力资源储备库，开展并加强有针对性的培训，帮助员工解决岗位适应性问题，让激励效果达到最佳。

4. 衰退期

企业在这一时期的培训体系处于动态过程中，需要基于任务模型构建培训体系。在员工培训中应关注人才转型，指导其后期发展，同时在新的领域开展人才招聘和培训，实现企业二次创业。

2.2 培训体系建设的意义

"未来最成功的公司，将是那些基于学习型组织的公司。"这已经成为现代企业管理的共识，通过培训，不仅可以提升员工的个人素质和技能而使员工受益，而且可以提高员工的自觉性、积极性、能动性、创造性和企业归属感，从而提高企业产出的效益，增强组织凝聚力，并为企业的长期战略发展培养后备力量，使企业长期持续受益。

因此，培训体系的构建对企业和员工都具有重要的意义，能够帮助企业实现组织目标，同时使员工个体在培训中实现自我能力和素质的提升。

2.2.1 培训体系建设对企业的意义

培训体系建设对企业的意义包括以下几方面。

(1) 培训体系建设可以帮助企业实现组织的战略目标、人才战略

组织要实现其战略目标，必须拥有满足战略要求的人才，因此就需要培训组织发展所需要的各种人才，形成自身的人才战略。而人才战略并非一朝一夕就能实现，需要培训体

系长期的良性运作以及人才的持续培养。

(2) 培训体系有助于增强企业的竞争力

培训是企业持续发展的力量源泉，完善的培训体系能够确保组织的所有员工都能在各自的岗位上完成培训，从而提升员工的工作能力和素质。

(3) 培训体系可以节约企业培训投资的成本

不健全的企业培训体系会导致企业在培训的过程中问题频发，引起不必要的培训投资浪费，因此企业需要在培训成本的投入方面做好科学预算。完善的企业培训体系，能够确保培训的整个过程有章可循，避免不必要的损耗和浪费。

2.2.2 培训体系建设对员工的意义

科学完善的培训体系可以为员工创造良好的成长环境，让员工获得态度、知识、技能等方面的培训支持，营造有利于员工成长的环境。同时，培训是解决问题的有效途径，培训能够改变员工的某些不适当的工作表现及行为，从而大大提高员工工作的积极性。

此外，企业培训通过提升员工的绩效，使其在物质需求和职务的提升等方面获得满足。而个体在这些需求得以实现的同时，就会产生新的培训需求。

因此，企业需要结合自身情况，在不同的职能之间寻求衔接点，从而完善人力资源管理系统，使培训激励效果更持久。

2.2.3 培训目标与组织经营战略结合

企业的经营战略建立在企业目标、企业政策和行动计划的基础上，它会影响企业如何规划和使用其实物资本、金融资本和人力资本。同时，企业的经营战略还直接影响实施培训的类型、数量以及所需要的资源，关系到企业所需要的技术类型和水平，以及企业在培训方面的决策。

培训活动必须适应企业的发展需求，它不仅要根植于当前所需要的知识和技术，更要放眼于企业未来的发展。因此，只有具备持久性、战略性、计划性的培训方式，才能更好地将培训目标与企业经营战略结合起来。

2.3 培 训 目 标

培训目标是指培训活动的目的和预期成果。目标可以针对每一培训阶段设置，也可以面向整个培训计划来设定。培训是建立在培训需求分析的基础上的，培训需求分析明确了管理人员所需提升的能力，评估的下一步就是要确立具体且可测量的培训目标。

2.3.1 培训目标的内容

有了培训目标，企业员工的学习才会更加有效。因此，确定培训目标是员工培训必不可少的环节。培训目标一般包括三方面的内容。

(1) 说明员工应该做什么。

(2) 阐明可被接受的绩效水平。

(3) 受训者完成指定学习成果的条件。

培训目标的设置是解决企业员工培训应达到何种程度的标准。因此，为了达成培训目标，就需要将培训目标描述清晰，并转化为培训中易于操作的指导方针。培训目标的确定除了要求具体化、数量化、指标化和标准化，还需要把握以下原则。

(1) 使每项任务均有一项工作表现目标，让受训者了解受训后所达到的要求，具有可操作性。

(2) 培训目标应针对具体的工作任务，要明确。

(3) 培训目标应符合企业的发展目标。

可见，培训目标既可以针对每一个培训阶段进行设置，也可以面向整个培训计划来设定。

2.3.2 培训目标的类型

制订企业培训计划，并以此为指导开展各项培训活动，可提高内部员工的整体素质，使其适应企业的发展需要。根据企业的培训内容，可以对培训目标进行细致的分类，具体如图 2-3 所示。

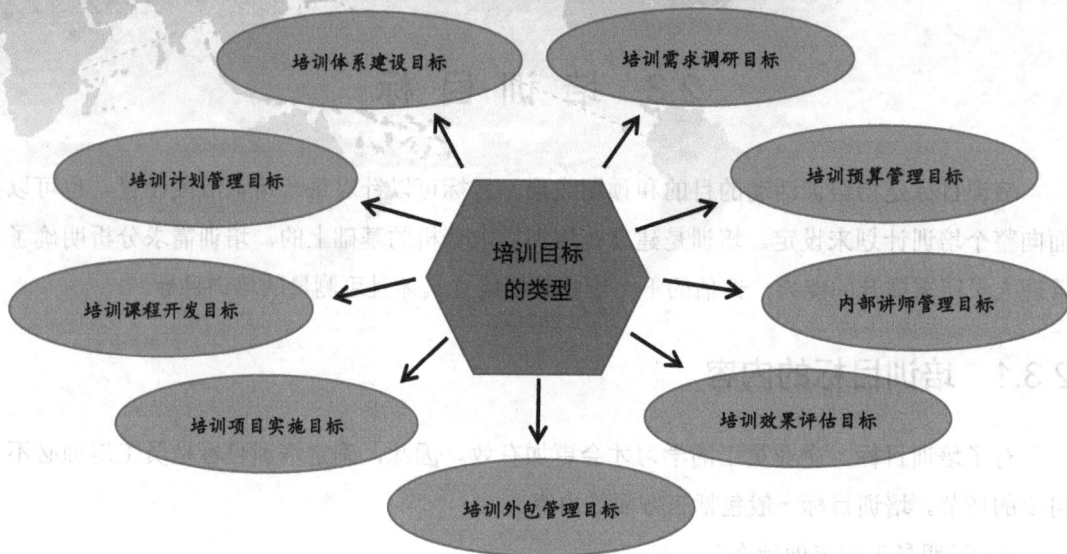

图 2-3　培训目标的分类

2.3.3　培训目标的制定流程

培训目标的制定，必须建立在企业培训需求分析的基础上，继而制定培训目标、计划并实施。

1．培训需求分析

培训需求分析即企业关于培训的决策问题，主要从组织、人员和工作任务三个方面进行分析。作为开展企业培训工作的第一步，首先要明确企业培训的决定性因素主要取决于两个方面，一是组织的需求，二是员工的需求。组织需求表现在组织战略的变化、业务的调整，以及适应不断变化的经营环境；员工的需求则表现在员工是否胜任岗位工作任务、员工是否达到业绩目标要求，以及员工个人的发展等。

具体来说，需求分析包括组织分析、人员分析和工作分析三项内容。

(1) 组织分析。确定培训是基于何种背景下开展的，根据企业的战略目标和经营目标进行综合分析，进而明确培训是否符合需要。

(2) 人员分析。对员工个人的知识、技能和兴趣等方面进行分析，从而实施有针对性的培训。

(3) 工作(岗位)分析。首先明确员工需要完成哪些方面的工作，然后确定为了帮助员工完成工作，而应当在培训中强化与之匹配的知识、技能等。

在实践中，以上这几项分析并不是按照某一特定的顺序进行的，但由于组织分析关注的是培训是否与企业战略目标相符，以及是否与企业愿意在培训上花费时间和资金保持一致，因此组织分析是最先开展的，而人员与工作分析往往同时进行。

2．培训目标的拟定

企业各部门在培训需求分析的基础上，填写相应的培训需求计划表，确定本部门员工年度培训计划，并上报人力资源部。人力资源部则根据企业的培训规划和培训需求分析，综合各部门的培训计划，制定企业年度培训目标。

3．培训计划的实施

组织培训时，人力资源部要向各部门经理发出培训通知，部门经理根据培训目标组织相关人员参加。培训结束后，要进行课堂评估和课后测评，以有效地掌握培训成果，评判培训目标是否实现。

2.4　培训管理职责

2.4.1　培训部门管理职能

培训部门对企业人员的培训工作负责统一管理和统筹安排，其主要职能包括以下方面。

(1) 培训部门必须按照企业的规章制度和要求，确保培训管理体系要求的过程得到识别、建立和维持，并以书面的形式予以确立。

(2) 制定培训战略目标，分析培训需求，制订培训计划，设计开发课程，实施培训，评估、跟踪培训效果，组织管理。

(3) 向企业最高管理层报告培训管理体系的业绩及提出所有改进的需求；制定和贯彻企业的人力学习与培训政策方针。

(4) 负责培训工作及认证工作中的对外接洽。配合企业经营目标，根据人力分析及人力评估结果，执行公司人力发展的短期、中期、长期规划，并予以落实。

(5) 调查、研究、汇总、评估和修正公司的人力培训需求状况；制订企业的年度学习和培训计划；负责实施企业的培训计划及行政安排；负责追踪和考核培训的效果。

(6) 建立企业内外培训师档案和受训者档案；负责外聘培训师的选择、聘请、行程食宿安排及考核；负责企业内部培训师的挑选、培训、认证及考核；负责与企业外培训机构的联系与洽谈工作。

(7) 负责审定和编印学习与培训教材；负责定期组织和主持企业内部学习与培训；负责学习与培训的政策、计划及其他有关事项的咨询工作；推动其他有关的学习与培训事项。

(8) 负责本部门的资产管理、节能控管，并负责请购及领用的审批。

(9) 督导、检验培训计划的实际执行与效果；制定本部门各个职位的工作标准及职务资格；科学分配本部门的工作并监督其进度。

(10) 完善企业的各项规章制度，并监督制度落实情况。同时，协调部门与其他部门间的关系，并尽力解决各部门的需求。此外，还要注意协调与其他事业体之间相关事务的联络工作。

2.4.2　主要负责人决策职能

培训部主要负责人的决策职能主要是指在培训部经理的领导下，对培训过程中的一系列培训内容选择进行决策，具体有以下几方面。

(1) 定期(月末、季末、年末)分析企业培训计划的完成情况及各部门培训预算执行情况。

(2) 定期分析培训收益成本的增减变化情况及其影响因素。

(3) 定期上报培训决策分析报告，为企业年度培训计划和长远规划提供决策支持。

(4) 对企业重大培训活动进行分析，并提出建议。

2.4.3　培训总监的职责

培训总监的岗位职责是依据企业的战略发展目标，组织编制和实施人力资源培训规划，协调企业各部门、各类人员的培训工作，为企业的战略管理和人力资源管理提供保障，其具体职责如表 2-2 所示。

表 2-2　培训总监的职责

工作职责	具体职责
培训规划与培训体系	组织制订企业人力资源中长期培训规划；组织建立并完善企业培训体系；组织制订企业员工发展培训体系规划
培训费用预算	组织编制企业年度培训费用预算；严格遵照预算开展各项培训

工作职责	具体职责
内部讲师队伍建设	负责组建企业内部培训讲师队伍；组织讲师授课资料的检查工作；指导、管理下属部门及员工的日常工作
对外合作	对外部培训机构和培训讲师进行选拔和管理；与外部培训机构等业务合作单位建立良好的合作关系
培训管理制度与文化	组织建立并完善企业培训管理制度、培训体系及相关流程；组织建设企业的培训文化，为员工营造良好的培训氛围和培训环境

2.4.4　培训经理的职责

培训经理的岗位职责是在培训总监的领导下，以企业人力资源发展规划为指引，参与建立并完善企业培训体系，负责人力资源培训计划的组织实施工作，以达成企业人力资源培训目标。其具体职责主要包含以下几个方面。

(1) 负责编制企业年度培训计划并组织实施，根据企业的战略变化及时做出调整。

(2) 协助制定与完善企业培训管理制度，并监督实施。

(3) 协助编制企业年度培训经费预算，并于培训项目开展过程中严格控制。

(4) 组织开展培训需求调研，分析调研结果，并根据调研结果制订培训计划。

(5) 负责培训项目的跟进工作，在各项培训项目结束后进行培训效果评估。

(6) 对整个培训工作进行总结，撰写培训工作报告，报培训总监审核。

(7) 挖掘企业内部培训讲师人才，为内部培训师队伍的建设提供合适的候选人。

(8) 审定外请培训人员，制定付费标准，按权限上报相关领导审批后执行。

(9) 组织开发企业内部培训课程体系，降低培训成本，提升企业内部培训水平。

(10) 建立员工培训档案，合理规划员工职业生涯。

(11) 指导、管理所属员工的日常工作。

(12) 协助培训总监进行 E-HR(Electronic Human Resources，电子人力资源管理)平台的搭建和企业文化的建设工作。

2.4.5　培训主管的职责

培训主管的主要职责是根据培训计划协助培训经理做好培训需求的调查、培训计划的制订，并协调培训项目进行过程中的各项事宜，其具体职责主要有以下几方面。

(1) 培训需求分析。组织人员调查了解企业各部门和员工的培训需求，汇总后提出相关建议，报领导审批。

(2) 培训计划制订和实施。根据企业发展需要，参与制订培训计划与培训预算；根据企业年度培训预算，制定培训标准；根据领导审批的培训计划，具体安排企业各项培训工作。

(3) 培训效果评估。负责督导、检查培训计划完成情况；组织相关人员对培训实施情况进行评估。

(4) 联系外部培训机构。与外部相关培训机构建立良好的合作关系；评估与本企业有合作关系的外部培训机构的培训能力和培训效果。

2.4.6　培训专员的职责

培训专员的岗位职责是在培训主管的领导下，具体负责员工培训的执行工作，保证企业人力资源培训计划的顺利实施，其具体职责主要包括以下几个方面。

(1) 协助培训主管开展员工培训需求调查，撰写培训需求调查报告，为制订员工培训计划提供依据。

(2) 协助培训讲师完成内部培训课程的开发和讲授工作。

(3) 根据培训计划和课程安排，组织员工按时参加培训，并做好培训的前期准备工作。

(4) 负责与企业外部培训机构及培训讲师的联系工作，并安排培训日程。

(5) 及时开展对培训效果的调查评估工作，撰写培训效果评估报告，并报主管审核。

(6) 搜集和整理各种培训教材和资料，并及时归档。

(7) 负责员工培训档案的管理与维护。

(8) 按时完成上级领导交办的临时性任务。

2.4.7　内部培训讲师的职责

内部培训讲师的岗位职责是在培训经理的领导下，负责培训课程的开发和讲授，向其他员工传授知识和技能，通过企业内部知识的共享和传播，提高企业员工的整体素质水平，其具体职责如表 2-3 所示。

表 2-3　内部培训讲师的职责

工作职责	具体职责
培训需求与课程开发	协助并参与企业各类员工的培训需求调研，了解员工的培训需求；根据不同岗位的培训需求，收集、评估相关课程和学习资料，进行培训课程的开发和设计
授课及改进工作	根据企业培训课程设计的要求，负责所属模块的培训授课工作；辅导受训者制定培训后的工作改进措施；协助参与培训效果调查工作，提供授课质量分析报告
培训资料与教案库	负责对培训教材、教案进行及时的整理和归档；开发并建立企业的培训课程教案库，协助建立、完善员工岗位培训课程体系

2.4.8　课件研发主管的职责

课件研发主管的主要职责是在培训经理的领导下，负责本企业课件产品的规划、制作与管理等工作，其具体职责主要包括以下几个方面。

(1) 分析、挖掘市场需求，推动企业课件产品的改造和新课件的开发。

(2) 对同类网络和教育产品进行分析和研究，并提出对自有产品的改进意见。

(3) 系统规划课件的摄制工作和视频制作工作，并指导相关人员的课件制作工作。

(4) 建立企业课件产品的采购渠道和相关采购工作流程，并对部门相关人员进行培训。

(5) 负责采购公司课件产品，组织对课件供应商的评估及合同谈判等工作。

(6) 按时完成上级领导交办的临时性工作。

2.4.9　课件研发专员的职责

课件研发专员的主要职责是根据课件研发主管的安排，协助其完成课件产品的规划工作，并按时完成指定课件产品的制作，其具体职责主要包括以下几个方面。

(1) 根据企业课件产品的规划提出课件设计创意，报课件研发主管审核。

(2) 根据指定的课件设计方向进行课件产品的设计与制作。

(3) 不断对课件产品市场的实际需求变化进行调研，形成可供领导层参考的调研报告。

(4) 模拟客户使用，对课件产品进行改进并提交修改意见。

(5) 负责收集课件供应商的产品信息，根据企业需求做好询价工作，并及时上报询价结果。

(6) 按时完成上级领导交办的临时性工作。

2.4.10　项目管理岗位的职责

企业培训项目管理岗位的职责，主要包括以下几个方面。

(1) 认真贯彻执行国家和上级颁发的规范、规程、标准等有关技术文件及规定。

(2) 培训项目的实施应建立由项目经理牵头的管理系统，实行项目经理负责制。项目经理在项目实施中处于中心地位，全面管理和负责培训的实施。

(3) 严格财务制度，加强财务管理，正确处理国家、企业与个人的利益关系。

(4) 对需要进行变更的相关培训项目进行可行性论证并提出相应的意见，对增减的培训计划量进行过程审计，准确控制。

(5) 加强对企业聘请的外部讲师及顾问的聘用和管理，并制定相应的管理制度。

2.4.11　教学管理岗位的职责

企业培训中，教学管理岗位职责主要包括以下几个方面。

(1) 重视政治学习和业务学习，不断提高业务能力，树立服务教学的理念。

(2) 在培训部经理的领导下，负责企业的各种培训组织管理工作。

(3) 负责落实培训教学计划的制订和课程的定位。

(4) 负责协调组织培训受训者和常规培训教学的管理。

(5) 培训部经理安排的其他工作。

2.4.12　效果评估岗位的职责

效果评估岗位的职责是在培训部经理的领导下，制订培训评估制度和计划，对培训效果进行评估，完善培训体系。具体的岗位职责如表 2-4 所示。

表 2-4　效果评估岗位的职责

工作职责	具体职责
培训评估制度与计划	参与拟定培训评估的工作制度和工作流程；负责起草培训评估计划并提交上级领导审核

工作职责	具体职责
培训前后的评估	协助课程开发人员进行新项目实施前的评估工作；负责对所有培训课程实施培训效果评估，并编制培训效果评估报告
培训评估与改进	负责对培训讲师进行评估；负责对培训中的重点及难点问题进行梳理、跟踪、分析并提出相应的改进建议；负责对培训体系提供改善及优化建议

2.5　培训实施方案

2.5.1　培训实施方案的设计

企业培训方案的设计，可以根据以下几个步骤进行。

(1) 制定《培训准备工作清单表》，依据清单逐项对培训准备工作进行控制。

(2) 将确定好的准备工作清单转换成《培训任务日程安排表》，它既是培训实施的计划完成时间表，也是实际工作进度表。在确定培训开始和结束时间之后，就可以根据各项任务的计划完成时间和实际完成时间对培训的实施进行控制。

(3) 进行培训通知。

(4) 制定培训经费预算准备，并在实施过程中进行经费控制。

(5) 对受训者进行考核控制。

2.5.2　培训实施方案的作用

企业培训实施方案的作用主要表现在可以协调企业培训运作机制、明确具体培训任务和落实考评激励措施，具体的作用如表 2-5 所示。

表 2-5　培训实施方案的作用

作　用	具体效果
协调企业培训运作机制	确保在培训运作过程中，培训计划、培训内容、培训目标之间的协调，并与企业发展目标保持一致
明确具体培训任务	保证培训实施者和员工对具体培训内容有明确的认识，促进培训的有效开展
落实考评激励措施	根据培训结果对员工进行考评，对其中表现优秀的员工进行奖励，以激励其他员工，从而加强培训的效果

案例分享

终端培训计划

一、培训目的

通过终端线上带教的综合培训，在最短的时间内了解终端人员的心理状态，宣导店铺服务的运作流程、新品知识与卖点、销售技能技巧，以及线上销售的方法等。

经过培训，能够在目前形势下有效地调整个人状态，并学会以各种方式去助力销售达成。

二、培训对象

主要有各区域终端店长、督导、区域经理等人员。

三、培训组织

培训由零售培训部组织，直营管理部协助完成。

方式一：线上集中培训

人员由直营管理部组织协调，零售培训部实施培训，终端人员(不含店员)包括店长、督导、区域经理，通过线上集中培训会议的形式进行。

方式二：线上分区域培训

人员由直营管理部组织协调，零售培训部对各区域进行逐一培训。终端人员包括店长店、督导、区域经理，通过线上培训会议的形式分散进行。

方式三：线上分直联营培训

人员由直联营组织协调，零售培训部对直联营人员分开进行培训。终端人员包括店长店员、督导、区域经理，通过线上培训会议的形式分散进行。

四、培训工具

由于培训人数和网络等条件限制，暂时无法完成在线视频教学，可通过第三方平台实现语音教学，同步课件、文字互动、语音等功能。

工具一：××微课平台(微信公众号)

通过扫直播间二维码，关注公众号直接进入直播间，签到后语音在线教学。

工具二：××App(手机端)

通过下载××App，邀请参训人员进入直播群，可实现语音在线教学等功能。

五、培训课程

(1) 线上集中培训。

(2) 线上分区域培训。

六、培训时间

每单次培训时长控制在 1 小时以内，可根据具体培训内容的需要，随时调整培训时间。

七、培训预案

(1) 建议采用"方式二：线上分区域培训"的方式开展，可灵活安排区域参训人员。

(2) 为防止培训时终端不了解如何进入培训平台，各区域督导、区域负责人应提前了解并熟悉各培训工具。

××培训部

××××年××月××日

小　结

在现代企业管理理念中，员工培训被认为是企业最有价值的可增值投资。通过培训，不仅可以提升员工的个人素质和技能而使员工受益，还可以提高员工的自觉性、积极性、能动性、创造性和企业归属感，来增加企业产出的效益和组织凝聚力，并为企业的长期战略发展培养后备力量，从而使企业长期持续受益。

然而，在实际操作中，有不少企业对培训存在错误的认识和做法，要么缺乏规划，要么出现"头疼医头，脚疼医脚"的现象，要么与企业的长远发展战略脱节。因此，如何扭转对培训的传统错误观念、如何采取有效措施防止员工受训后的流失，是解决当前培训发展阻碍的关键。培训应是一个由"硬"到"软"、不断深化的过程，从"技术业务知识"到"沟通技巧"再到"文化、思维"，使企业能够在员工需要的时候提供必要的培训。

第3章 培训需求分析

【案例】

小王的职场保卫战

小王是某家公司的行政主管，工作一直很顺利。前不久公司空降了一位同事来做他的副手，不过这个副手从一开始就觊觎他的位置。感到了压力的小王开始考虑充电，试图在工作中远远地甩开对方。他选择了学习更复杂的计算机知识，甚至连编程都认真地学，同时还把大学时曾经选修过的法语也重新捡了起来。结果在他终于把自己勉强变成一个初级程序员，法语也重新有了点感觉的时候，他的对手却已经重重地把他击倒在地，扬长而去。

(资料来源: https://www.doc88.com/p-5661647715610.html)

思考:

1. 你觉得小王的培训需求分析方面出了什么问题?
2. 如果你是小王，你会怎么做?

3.1 培训需求分析概述

培训需求(Training Needs)是指特定工作的实际需求与任职者现有知识、能力之间的距离，即理想的工作绩效与实际的工作绩效的差距。

培训需求分析(Training Needs Analysis)是指在规划与设计每项培训活动之前，由培训部门主要负责人、培训工作人员等采用各种方法与技术，对参与培训的所有组织及其员工的培训目标、知识结构、技能状况等方面进行系统的鉴别与分析，以确定这些组织和员工是否需要培训及需要如何培训的一种活动或过程。

培训需求分析是企业中培训工作者所有工作的前提，也是之后制订培训计划的基础，对培训最终的评估起着重要的作用。无论是月度、季度还是年度的培训工作计划，都需要经过调研和分析，否则很难将计划合理地制订整理出来，没有经过需求分析而制订的培训计划无异于无本之木，会直接影响后续的培训工作。

3.1.1 培训需求产生的原因

有效的培训需求分析是建立在对培训需求成因有效性的分析基础之上的。因此，了解培训需求产生的原因直接关系到培训活动的针对性和效果。具体来说，培训需求产生的原因如图 3-1 所示。

工作变化	人员变化	绩效变化
不同的工作岗位所要求的技能、知识和素质都不同；同一个工作岗位也会因企业内外部的变化而产生变化。	当新职员进入企业后，需要对其进行企业文化、管理制度及岗位职责等方面的培训。	绩效目标既是企业的内部要求，也是企业的追求，但部分员工因能力方面的不足，其绩效目标难以达到。

图 3-1 培训需求产生的原因

3.1.2 培训需求分析的原理

培训需求一般来源于组织层面战略目标与现实能力之间的差距、工作层面的绩效目标与实际达成差距以及员工个人层面的职业发展所需的能力与能力现状的差距。而培训分析便是通过分析这种差距，继而找到企业及其员工在技术、知识和能力方面的差距，以此为培训活动提供依据。

换言之，培训需求分析即确定这种差距，并找到合理解决这种差距的方案，这也是培训需求分析的基本原理。

对于培训需求分析所针对的这种差距可以分为两种情况。

1. 目前已经存在的差距

目前已经存在的差距，主要指通过对组织及其成员进行全面、系统的调查后，所确定的理想状况与现实之间的差距。

2. 前瞻性的绩效差距

前瞻性的绩效差距属于一种预测性的培训需求分析，企业通过预测未来一段时间内经营环境的变化、战略目标的调整、企业生命周期的演进以及员工在组织中成长的需要，判断目前员工的绩效水平(这种绩效水平在目前可能是好的绩效)与未来需要的绩效水平的差距。

3.1.3 培训需求分析的特点

培训需求分析从不同的角度看，具有不同的特点，具体如下。

(1) 主体多样性。从培训需求分析的主体来看，其主体不仅包括培训部门的分析，还包括各类人员的分析。

(2) 客体多层次性。培训需求分析的客体具有多层次的特点，即通过对组织及其成员的目标、素质、技能、知识的分析，来确定组织的实际情况与应有状况的差距、员工个人的实际情况与应有状态之间的差距以及组织与个人的未来状况。

(3) 方法多样性。培训需求分析的方法具有多样性，有分析调查法与现场观察法，还有工作任务分析法与重点团队面谈法等。

(4) 结果指导性。培训计划是基于培训需求分析的结果而制订的，因此培训需求分析的结果具有很强的指导性。

3.1.4 培训需求分析的作用

培训需求分析在现代培训活动中具有重要的作用，主要表述如下。

1. 了解员工的现状及培训态度

由于培训具有服务性，它的目的就是能让员工提高工作业绩。对员工的基本情况了解得越多，对培训活动的开展就越有利，通过培训需求分析可以了解到可能参加培训的人数，他们的年龄范围，工作、生活的地点，职业、兴趣等信息。此外，员工的培训态度将直接影响培训活动的成败。从培训需求分析可以了解员工对培训的态度，还可以同时向有关人员强调培训的重要性并灌输某种观念，从而有助于增强培训效果。

2．找出差异，确定差距

培训需求分析的基本目标就是找出差异，确定理想绩效与实际绩效之间的差距。而绩效差距的确认一般包括三个环节。

(1) 明确理想的知识、技能、能力和标准。

(2) 分析当前实践中知识、技能和能力方面的不足。

(3) 分析当下知识、技能、能力与理想之间的差距。

需要注意的是，这三个环节应独立有序地进行，以确保分析的有效性。

3．有利于及时调整培训分析的方式

一个组织会在不同的阶段发生持续的、动态的变革，这种变革往往代表了一种趋势。而每当组织发生这种变革时，组织都会产生与之对应的新的、特殊的、直接的需求，从而迫使培训部门在制订合适的培训规划之前，及时地把握这种变革和需求，对培训进行全方位的分析，以适应组织变革。

4．获取管理者的支持

让管理者参与到培训需求分析的过程中，可以使管理者更容易接受和支持培训项目，同时能充分听取管理者的意见来参考员工究竟需要什么样的培训。这样也会增强培训部门和管理者的交流、理解和信任，从而为培训活动的开展打好基础。

5．为培训评估提供依据

培训评估的一个重要环节就是制定评估标准，培训需求分析能为培训评估标准的制定提供有价值的参考。

6．效益与成本评估

培训需要一定的资金支持，在确定培训内容的时候，就需要分析一些与培训成本有关

的问题。因此，培训部门必须将培训效益与成本评估引入培训需求分析中，通过计算培训投资回报率分析培训的可行性。

3.1.5 培训需求分析的基本框架

培训需求分析的基本框架，可以归纳为有逻辑的三个步骤。

1．查找部门或个人绩效差距

一般理论认为，绩效差距是培训需求分析的切入点。绩效差距导致低效率，阻碍企业目标的实现。因此，培训需求分析应从绩效差距入手，从而明确改进的目标，最终确定能否通过培训方法缩小或者消除差距，提高员工工作效率。

2．寻找分析差距产生的原因

确定了绩效差距的存在，培训需求分析的工作并没有结束，更为关键的是要寻找差距存在的原因，因为并非所有的绩效差距都可以通过培训的方式消除。只有排除了员工并非因为自身难以克服的个性特征而导致差距存在时，培训才是必要的和有效的。

3．确定解决方案

培训者可以根据差距产生的原因，明确培训的内容、课程、方式、方法，从而制订培训计划。

3.2 培训需求分析的内容

培训需求分析具有很强的指导性，是确定培训目标、设计培训计划、有效地实施培训的前提。同时，培训需求分析也是培训工作准确、及时和有效的重要保证，对企业的培训工作至关重要。

3.2.1 培训需求分析的层次

培训需求层次的分析主要从以下几个层次进行。

1．战略层次分析

随着企业变革速度的加快，培训需求分析不仅要针对企业的过去和现在，还要着眼于企业的未来，即战略层次分析。战略层次分析一般由人力资源组织负责，同时需要企业的执行或咨询部门的密切配合。

战略层次分析要考虑各种可能改变组织优先权的因素，如引进一项新的技术、出现了临时性的紧急任务、公司负责人的更换、产品结构的调整、产品市场重新定向以及财政的约束等；还要预测企业未来的人事变动和企业人才结构的发展趋势，调查了解员工的工作态度和工作状况以及对企业的满意度，找出对培训不利的影响因素以及提供有利的辅助方法。

2．组织层次分析

企业目标决定着培训目标，如果企业目标不明确，那么培训采用的标准就难以确定，培训工作就失去了指导方向和评估标准。因此，只有确定了企业目标，才能在此基础上做出可行的培训规划。

组织层次分析主要就是指通过对组织的目标、资源、环境等因素的分析，准确地找出组织规章制度存在的问题，并以此确定具体的培训需求。具体来说，组织层次培训需求分析主要包括以下内容。

(1) 明确组织目标。组织目标是评价组织绩效的重要标准，因此，在进行培训需求分析前，首先要明确组织目标。

(2) 熟悉组织资源。组织资源的分析主要针对资金资源、时间资源和人力资源。资金资源分析主要是确定组织能否为支持培训工作开展承担相应的经费；时间资源分析是明确组织业务开展方式和经营管理的特点是否能保证足够的培训时间；人力资源分析主要是分析企业目前的人力资源状况能否确保培训顺利开展。

(3) 分析组织环境。对组织环境的分析包括组织内部和组织外部两个方面。组织内部环境分析包括企业文化、企业的软硬件设施、企业经营运作的方式及各种规章制度等；组织外部环境分析则包括企业所在地区的经济发展状况、地域文化、法律法规等。

(4) 确定员工素质结构。员工素质结构分析的内容主要包括以下几个方面：①员工教育水平，即分析员工所受的教育程度对岗位工作的影响；②员工专业结构，即分析员工的专业背景与岗位技能的匹配程度；③员工年龄结构，即分析不同年龄员工的分布情况及不同

岗位的年龄特点;④员工性格结构,即分析不同岗位的工作特点对岗位任职者性格的不同
要求。

3．员工个人层次分析

员工个人层次分析主要是确定员工目前的实际工作状况与企业的员工绩效标准之间是
否存在差距,为未来培训效果和下一次培训需求的评估提供依据。因此,在组织整体员工
素质结构分析的基础上对可以接受培训的个人进行分析,是整个培训需求分析的核心,对
培训效果起着关键性的作用。

对员工目前实际工作绩效的评估主要依据员工业绩考核的记录、员工技能测试成绩以
及员工个人填写的培训需求调查问卷等资料。

4．任务层次分析

任务分析的对象是岗位,而不是任职者,其目的是"决定培训内容是什么"。任务分析
主要是描述胜任该岗位所需要的一系列素质和条件,换言之,任务分析的主要内容就是岗
位业绩的评价标准,完成该岗位工作所需要的知识、技术、行为和态度等。

3.2.2 培训需求分析的对象

培训需求分析的对象分别为新入职员工、在职非管理层员工及管理层员工。具体说明
如下。

1．新入职员工的培训需求分析

新入职员工由于对公司文化、规章制度不了解而不能很快融入公司,或是由于初入公
司对工作岗位职责尚不熟悉而不能满足岗位要求,这时就需要对新职员进行培训。

因此,对新入职的员工培训需求分析需从岗前培训和岗后培训分别着手。岗前培训是
指在新员工未正式上岗前,先对其进行企业文化、规章制度和行为准则方面的培训,以增
强其归属感,使其顺利进入岗位角色;新员工的岗后培训主要是结合其岗位职责确定需要
培训的能力、技能和知识。

2．在职非管理层员工的培训需求分析

在职员工培训需求是指由于新技术在生产过程中的应用,在职员工的技能不能满足工
作需要等方面的因素而产生的培训需求,通常采用绩效分析法评估在职员工的培训需求。

3. 管理层员工的培训需求分析

组织中的管理者可以分为基层管理者、中层管理者和高层管理者。依照不同的管理者在组织管理中的地位及管理内容，其培训需求分析的侧重点也有所不同。

基层管理者的培训需求主要是普通员工的管理和培养及人际沟通与交往的艺术；中层管理者的培训需求则主要是职业培训、管理技能培训及其他能力的提升培训；高层管理者的培训需求主要针对管理技能培训及其他能力的提升。

3.2.3　培训需求的时间分析

培训需求时间分析主要有以下两点。

1. 目前培训需求分析

目前培训需求是指针对公司目前存在的问题和不足而提出的培训要求。目前培训需求分析主要分析公司现阶段的生产经营目标及实现状况、未实现的生产任务、企业运行中存在的问题等方面。找出上述问题产生的原因，并确认培训是解决问题的有效途径。

2. 未来培训需求分析

未来培训需求是为满足企业未来发展过程中的需要而提出的培训要求。未来培训需求分析主要采用前瞻性培训需求分析方法，预测企业未来工作变化、员工调动情况、新工作岗位对员工的要求以及员工已具备的知识水平和欠缺的部分等方面。

3.3　培训需求信息收集的方法

可以用来进行培训需求分析的方法有许多种，这里主要介绍几种可供选择的培训需求分析方法：访谈法、问卷调查法、观察法、绩效分析法、工作任务分析法、头脑风暴法。

3.3.1　访谈法

访谈法是被大家所熟知的方法，是指通过与被访谈对象的直接对话来获取培训需求信息。这种方法一般在有一定培训需求方向的情况下使用，通过与培训对象的上级或者培训对象进行沟通，进一步对我们已有的培训需求进行确定。

在应用过程中，可以与企业管理层面谈，以了解组织对人员的期望；也可以与有关部门的负责人面谈，以便从专业和工作角度分析培训需求；还可以与员工面谈，挖掘出员工内心的真实培训需求。

一般来讲，在访谈之前需要确定收集的信息，然后准备访谈提纲。访谈中提出的问题可以是封闭性的，也可以是开放性的。封闭式的访谈结果比较容易分析，但开放式的访谈往往能够获取更能说明问题的事实。访谈可以是结构式的，即以标准的模式向所有被访者提出同样的问题；也可以是非结构式的，即针对不同对象提出不同的开放式问题。一般情况下是把两种方式结合起来使用，并以结构式访谈为主，非结构式访谈为辅。

具体而言，访谈法通常分以下几个操作步骤。

(1) 制订访谈计划。在访谈前，确定访谈的目的，准备相关资料，确定相关人员名单。由于被访谈者的人选直接关系到访谈的结果，因此，如果访谈对象是有一定工作经验的员工，那么就要选择工作经验丰富的员工，或者这些员工的上级。另外，要准备完备的访谈提纲，这对于启发、引导被访谈人讨论相关问题、防止访谈中心转移是十分重要的。

(2) 进行内部的访谈演练。通过访谈练习，可以从这个过程中发现问题并及时纠正，同时确认访谈的问题，以及判断标准。

(3) 访谈开始。在这个过程中，需要向访谈对象介绍访谈的目的，并营造适合交流的访谈氛围。在访谈中，访谈人员需要首先取得被访谈人的信任，以避免产生敌意或抵制情绪。这对于保证收集到的信息具有正确性与准确性非常重要。

(4) 收集数据。将访谈获取的信息用访谈记录表记录下来，访谈结束后，与访谈对象确认访谈记录是否有问题。

(5) 访谈结果的整理和综合。对访谈资料进行整理和总结，综合访谈中的发现及结论，尤其对有争议的问题要进行讨论。整理讨论完毕后，收集归档。

访谈法可以与问卷调查法结合起来使用，通过访谈来补充或核实调查问卷的内容，讨论填写不清楚的地方，探索比较深层次的问题和原因。

3.3.2　问卷调查法

问卷调查法也是一种被大家所熟知的方法，它通过预先设计的调查问卷收集培训需求信息。

企业采用这种方法时，首先要将一系列的问题编制成问卷，发放给培训对象填写后再收回分析。当需要进行培训需求分析的人较多，并且时间较为紧急时，可以将问卷以电子邮件、传真或直接发放的方式让对方填写，也可以在进行面谈和电话访谈时由调查人自己填写。

1. 一份调查问卷应包含的内容

(1) 开头部分。不同的问卷，开头部分不尽相同，通常包括问候语、问卷编码、填表说明等内容。

(2) 背景部分。主要是被调查者的一些背景资料，如性别、民族、婚姻状况、收入、教育程度及职业等。

(3) 主体内容。这是调查问卷的核心部分，包括所要调查的全部问题。

比如，一份课程培训需求调查问卷的内容形式可以如下所示。

培训需求调查问卷

尊敬的女士/先生：

您好！为切实了解有效沟通课程的培训需求，使培训内容能够帮助员工解决问题，请您填写以下内容并提出您的要求与想法，我们将以此作为设计课程的参考，谢谢您的合作！

请在所选内容前的"□"内打"√"，有特殊说明的除外。

一、培训意愿

1. 您是否愿意参加有效沟通类课程的培训？

   □ 非常愿意　□ 愿意　□ 不太愿意　□ 不愿意　□ 无所谓

2. 您认为，您现在的工作是否需要有效沟通课程的培训？

   □ 迫切需要　□ 需要　□ 可有可无　□ 不需要

3. 影响您沟通培训意愿的因素有哪些？

   □ 培训费用　□ 培训方式　□ 培训课程　□ 培训地点

   □ 培训时间　□ 培训讲师　□ 过往培训效果　□ 其他_____

4. 根据您个人职业发展规划及人生目标，有效沟通培训对您目标的达成会起到怎样的作用？

   □ 非常重要　□ 重要　□ 一般　□ 作用较小　□ 无作用

二、有效沟通的能力

1. 当您的同事对您进行劝告或者批评时，您的态度如何？

☐ 很乐意接受　☐ 能接受一部分　☐ 表面上接受　☐ 很抵触

2. 当您在工作中遇到难题时，您会怎么做？

☐ 喜欢向同事求助　☐ 困难大时才求助

☐ 无能为力时求助　☐ 从不求助，自己解决

3. 当您的同事取得成就向您诉说时，您会如何处理？

☐ 祝贺他并愿意倾听及吸收经验　☐ 公式化表示祝贺

☐ 很美慕，希望自己也能取得　☐ 敷衍并且走开　☐ 泼冷水

4. 您认为，您在工作中的沟通是否有效？

☐ 大多有效　☐ 一般有效　☐ 很少有效　☐ 大多无效

三、培训课程

请在所选内容前的"☐"内打"√"，可以多选，但不超过3个。

1. 您认为，有效沟通课程培训应具有哪些内容？

☐ 沟通方式　　　☐ 沟通技巧　　　☐ 沟通常识

☐ 沟通场合　　　☐ 特殊沟通　　　☐ 沟通礼仪

☐ 沟通心理　　　☐ 其他_____

2. 您认为，有效沟通培训课程聘用什么人授课效果更好，会使您更容易接受？

☐ 公司专职讲师　　☐ 沟通类专职讲师　　☐ 公司管理人员

☐ 有经验的营销公关人员　☐ 外聘讲师　　☐ 其他_____

3. 您认为，培训采用什么形式您更容易接受，效果更好？

☐ 培训机构公开课　　☐ 公司内集中培训

☐ 部门周例会培训　　☐ 工作岗位边做边学培训

☐ 观看视频形式的培训　☐ 内部经验交流会

☐ 其他

4. 您认为，培训采用什么方法您更容易接受，效果更好？

☐ 讲师讲授　　　☐ 角色扮演　　　☐ 管理游戏

☐ 案例分析　　　☐ 实战模拟　　　☐ 提问互动

☐ 封闭强化　　　☐ 分组演练　　　☐ 小组研讨

☐ 其他

四、其他问题

1. 您希望在有效沟通培训中学到哪些知识或解决哪些问题？

_____

_____

2. 您印象最深刻的沟通培训课程是哪一个？此课程设计有哪些特点？

_____

_____

3. 谈谈您对有效沟通培训课程的意见与建议。

_____

_____

2. 调查问卷的设计流程

问卷调查法必须建立在科学合理、实际可行的基础上，因此，调查问卷应当按照以下程序进行设计。

(1) 依据培训需求信息收集的目的确定问卷类型。调查问卷可以采用封闭式、开放式、半封闭式。封闭式问卷对提出的每一个问题都有明确的答案，被调查者只能从已给的备选答案中进行选择。开放式问卷只提出问题，不提供任何答案，由被调查者自由回答。半封闭式问卷则是封闭式与开放式问卷相结合的问卷。

(2) 拟定问题，设计问卷。首先将所需调查和了解的事项列出清单，继而转化为问题，并考虑提问的方式；其次，对问题进行检察和筛选；最后根据问题排列的要求和规则，逐一对问题进行排序和编辑，最终形成完整的问卷。

(3) 对问卷进行试答，以形成最终问卷。问卷试答是问卷设计的基本步骤之一，在小范围内对问卷进行模拟测试，并对结果进行评估。通过这种方式可以查找出问卷的不足，以便及时进行修改。

(4) 问卷调查实施。将调查问卷发放到调查对象手中，做好调查实施工作。

3.3.3　观察法

观察法是指培训者亲自到工作现场，深入员工身边，通过观察员工的工作表现，了解员工的工作技能、工作态度及其在工作中遇到的困难，从而收集培训需求信息的方法。

观察法是一种比较原始和基本的培训需求信息收集的调查方法，它一般适用于服务性、事务性与生产作业的工作人员，而对技术人员和销售人员则不适用。

运用观察法首先要明确所需要的信息，然后确定观察对象。其优势在于不妨碍被观察对象的正常工作和集体活动，而且通过观察所获得的资料能够更准确地反映实际培训需求。但这种方法的不足之处在于其需要在观察者对被观察者的工作程序和工作方法十分熟悉的前提下才能发挥作用。并且这种方法主观性较强，当被观察者意识到自己正在被观察时，可能会导致其行为和表现与平时不同，这就会使观察结果产生偏差。

因此，为弥补观察法的不足，提高现场观察的准确度和效果，可以注意以下几点。

(1) 尽量采取隐蔽的方式进行观察，同时进行多次观察，这样有助于提高观察结果的准确性。当然，这样做需要考虑时间上和空间条件上是否允许。

(2) 使用摄影或者录像技术记录被观察者的表现，再仔细观察录像，从中发现问题。

(3) 观察者可以设计一份观察记录表，记录每一项要核查的内容，以避免观察流于形式，同时也防止有遗漏的细节。

(4) 必要时，可请陌生人进行观察，如请人扮演顾客观察终端销售人员的行为表现是否符合标准或处于何种状态。

3.3.4　绩效分析法

培训的最终目的是改进工作绩效，减少或消除实际绩效与期望绩效之间的差距。因此，对个人或团队的绩效进行考核可以作为分析培训需求的一种方法。

运用绩效分析法需要注意把握以下四个方面：

(1) 将明确规定并得到一致同意的标准作为考核的基线；

(2) 集中注意那些希望达到的关键业绩指标；

(3) 确定未达到理想业绩水平的原因；

(4) 确定通过培训能够达到的业绩水平。

3.3.5 工作任务分析法

工作任务分析法是以工作说明书、工作描述、工作规范或者工作任务分析记录作为确定员工胜任工作所必须具备的知识、技能和态度的依据，并将其与员工在日常工作中的表现相结合，以判定员工与即将完成工作任务的差距。

1．工作任务分析法的特点

工作任务分析法作为一种正规的培训需求信息收集方法，其主要通过岗位资料分析和员工现状对比得出员工的素质差距，结论具有很高的参考价值。这种方法的时间成本和经济成本较高，一般只有在重大培训项目中采用。

2．工作任务分析法的种类

工作任务分析法的种类有以下两种。

(1) 设计工作任务分析记录表。工作任务分析记录表的内容一般包括主要任务和分任务、各项工作的执行频率、考核标准、工作任务的执行环境、所需的技能和知识以及学习技能的场所等。具体内容可以按照实际需要进行相应的增删和完善。

(2) 工作盘点法。该方法通过列出员工需要从事的各项活动内容、各项工作的重要性，以及执行时所需时间成本等确定培训需求信息。这些信息可以为负责培训的人员安排各项培训活动的先后顺序提供参考。

3．工作任务分析法的实施步骤

工作任务分析法的实施步骤如下。

(1) 将选定的工作岗位任务系统地列出来。

(2) 根据所选的工作岗位及列出的任务，确定任务分析的基本清单。通常清单内容应当包含完成工作任务的知识、技能及基本素质。

(3) 设计调查问卷，对调查结果进行分析。根据任务分析清单，选择重要项目组成调查问卷，通过任务分析调查问卷收集培训需求信息。

3.3.6 头脑风暴法

在开展新的项目、工程或推出新的产品之前需要进行培训需求分析时，可以将一部分核心人员，尤其是具有较强分析能力的人聚集在一起，共同工作、思考和分析。还可以邀请公司以外的相关人员参加，如客户或供应商。

头脑风暴法主要有以下步骤。

(1) 选定参会人员，并将这些人召集在一起，人数不宜过多。

(2) 让参会者就某一主题提出培训需求，并在一定时间内对此进行自由讨论。

(3) 只允许讨论，不允许批评和反驳。观点越多、思路越广越好。

(4) 所有提出的方案都当场记录下来，不做结论，只注重产生方案或意见的过程。

事后，对每条培训需求的迫切程度与可培训程度提出看法，以确认当前最迫切的培训需求信息。

3.4 培训需求分析报告

3.4.1 培训需求分析报告撰写规范

培训需求分析报告的撰写必须规范，一方面能够确保培训需求分析报告内容更加全面、更有条理，另一方面也能够增加培训需求分析报告的美观性和可阅读性。为了使培训需求分析报告的撰写更加规范，培训者应当严格遵循培训需求分析报告的撰写步骤，并符合撰写要求。

1. 培训需求分析报告的撰写步骤

培训需求分析报告的撰写步骤如下。

(1) 收集资料。资料是撰写培训需求分析报告的基础。培训者可以通过访谈法、问卷调查法、观察法、工作任务分析法等获取培训需求信息，为撰写培训需求分析报告做好准备。

(2) 整理资料。将收集到的资料进行初步审阅，掌握培训需求的基本模块，厘清思路，了解现有培训资源可以解决哪些培训需求项目，确定有一定实施难度的培训项目。

(3) 拟定报告提纲。基于厘清的思路，将分析报告所包含的主要框架以摘要的形式确定下来，使报告易读且清楚明了。

(4) 具体内容编写。根据所列出的报告摘要或者大纲，全面、系统地撰写报告。了解培训需求的相关项目，即培训的具体项目、培训的时间、培训的方式、培训的深度和广度、培训的考核等，从而保证每项内容都科学合理。

(5) 完善、定稿。在报告撰写完毕后，必须进行反复的检查和推敲，多角度思考，全方面与受训者沟通，最终再确定、上报。

2. 培训需求分析报告的撰写规范

培训需求分析报告的撰写应当遵循以下规范。

(1) 报告中各项分析说明必须做到有据可依、有据可查。

(2) 报告内容要全面且具体，涵盖报告所要包括的所有内容。

(3) 逻辑分明，条理清晰，前后连贯、系统。

(4) 分析透彻，符合实际，满足实际工作需要。

(5) 内容客观，表达准确，简明扼要，具有说服力。

(6) 文字部分适量，多采用表格和图形。

其中，培训需求分析报告中的数字、标点符号、表格和图形，要符合以下要求。

(1) 培训需求分析报告中所有统计数据都要使用阿拉伯数字。

(2) 培训需求分析报告中的标点符号应准确无误，避免因标点符号使用不当影响阅读和理解。

(3) 培训需求分析报告中，每个表格都应有标题，标题写在表格上方居中。表格可以在下页续写，续写时可以省略表题，但表头应当重复书写，同时在右上方注明"续表"。

(4) 培训需求分析报告中的图形必须插入正文的对应位置，并注明图题，图题应放在图片下方居中处。此外，报告中的图形须精心设计，线条清晰匀称，图片整洁美观。

3.4.2　培训需求分析报告的内容

培训需求分析报告的内容主要包括以下几点。

(1) 报告提要或者要点概括。

(2) 明确培训需求分析报告的撰写部门及时间。

(3) 培训需求分析报告的分析背景。

(4) 培训需求分析的目的和性质。

(5) 培训需求分析实施的方法和流程。

(6) 培训需求分析的结果。

(7) 对员工培训提供的参考意见。

(8) 附录，主要是收集信息时使用的相关图表、原始资料等。

附：某机构培训需求分析报告

培训需求调查分析报告

背景介绍

为了更好地支持销售区域年度目标的达成，让现有的培训工作更有针对性和效率性，现对 2019 年上半年的培训工作进行全面的调整升级，并通过了解销售区域真实的培训需求，为培训工作的开展提供方向性的指导。从 2 月开始，人力资源部在销售区域进行了培训需求调查，调查方式主要通过知鸟平台在线问卷调查形式展开，同时人力资源部也走访市场，现场访谈交流了解需求。现将有关培训需求调查的结果分析汇报如下。

一、培训需求调查概况

1. 调查问卷及调查对象

(1) 本次需求调查问卷共设置 14 题，包含 11 个选择题和 3 个问答题。

(2) 调查问卷针对业务代表(业务经理)、城市经理、区域经理、大区总经理等岗位人员，经过整体数据分析，基本上能够反映客观事实和销售区域对培训工作的意见和期待。共收到问卷 268 份。

※你属于哪个销售大区？

区域	河北大区	湖南大区	皖浙大区	常州大区	大客户大区
人数	125	52	45	6	25
区域	赣南大区	苏淮大区	苏锡大区	广东大区	河南大区
人数	2	3	7	7	0

※你的岗位名称是？

岗位	大区总经理	大区总助	区域(副)经理	城市(副)经理	业务经理
人数	4	1	23	62	51
岗位	业务代表	团购总监	团购专员	销售内勤	其他
人数	82	9	16	16	3

2. 调查问卷的结构与内容

调查问卷的结构主要分为两个部分，第一部分是培训的组织与安排，第二部分是培训需求信息，其中第二部分是本次需求调查的重点。

二、培训需求统计结果及分析

1. 培训组织和安排

(1) 你认为培训时间安排在什么时候比较合适？

时间	上班期间，如周五下午 2～3 小时	工作日下班后 2～3 小时	周末 1 天
人数	72	16	27
时间	双休日 2 天	无所谓，看课程需要来定	其他
人数	18	128	14

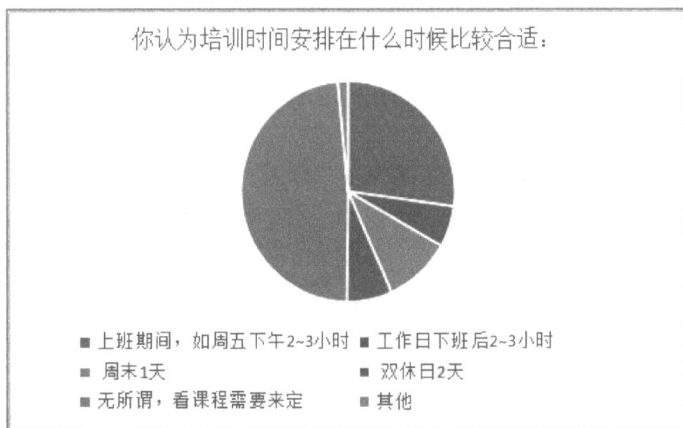

(2) 你希望或者能接受的培训频率是怎样的？

频率	每周一次	半月一次	每月一次	两月一次	每季度一次	半年一次	每年一次	其他
人数	38	36	89	23	60	28	11	2

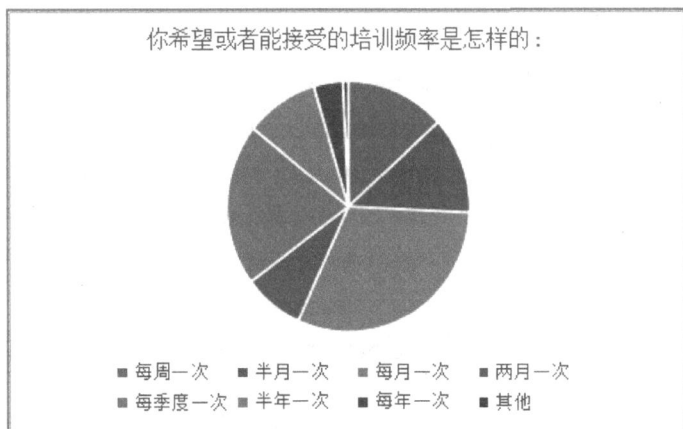

(3) 鉴于公司的业务特点，你认为最有效的培训方法是什么？请选出你认为最有效的几种。

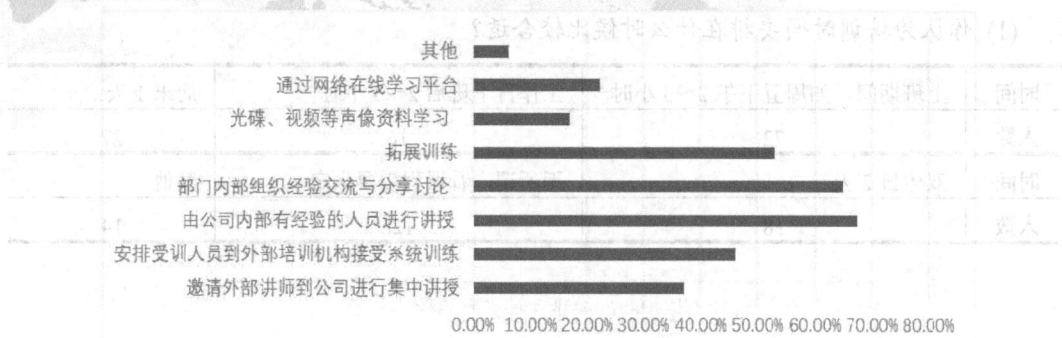

2. 培训需求信息

(1) 假如你在某一领域经验丰富，你被推荐担任某一门课程内部讲师，你是否愿意承担？

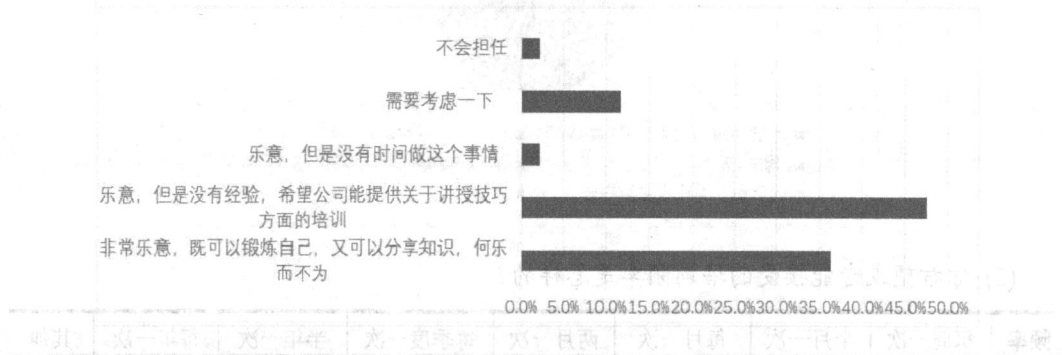

(2) 你认为你所在岗位的培训重点在哪个方面？

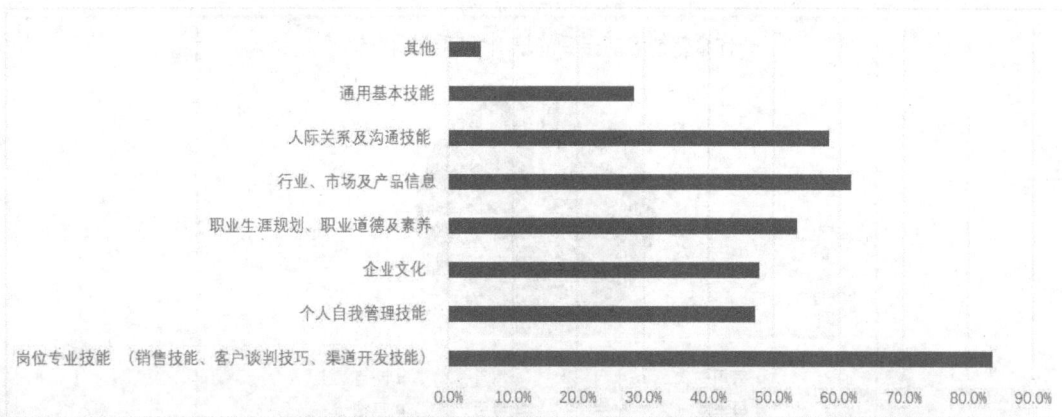

(3) 你认为自己的团队中存在的主要问题有哪些并列举具体表现。(提及最多的前十个问题)

主要问题	人　数
√销售技巧：业务专业能力、谈判技巧、渠道开发能力等	37
√团队合作能力	22
√沟通能力：团队内部之间的沟通，与消费者的沟通，传递公司政策等	19
√企业文化：对公司不了解，没有归属感	15
√自我管控能力：不迟到不早退，对工作有责任心，不懈怠不偷懒	14
√人员变动频繁：人员流动性太大，工作衔接不利，无法对接好客户	10
√产品知识：白酒知识、产品种类、卖点、差别	8
√执行力：动销的执行力、终端网点拜访的数量	8
√团队凝聚力	8
√目标感：目标设定不合理，目标感弱	8
√客户费用拖欠，不及时兑付，费用申报核销不清楚	7

(4) 对以后的培训工作提出你的建议和意见。

在此问题中，很多人都提出了自己良好的建议，以下为部门提及率高的建议。

① 希望公司多组织安排岗位专业技能培训，如销售技能、客户谈判技巧、渠道开发技能等。邀请外部讲师到公司进行集中讲授或由公司内部有经验的人员进行讲授。

② 希望公司的培训多元化，比如开展拓展训练之类的培训，培训课程希望多些互动和讨论环节，而不是课堂式培训。

③ 了解企业文化和企业的未来发展动向。希望公司多组织一些活动以拓展员工各方面的修养，时间可以定在周末。销售员工要多了解市场动态，多发现市场问题并及时处理，这样才能让企业良性发展，达到企业的目标。

④ 按照员工入职时间长短和不同岗位专业知识，制订培训计划并组织实施。对新入职员工，组织实施入职培训、公司概况、经营理念、组织结构、职业道德、员工手册、各项管理制度、沟通技巧、企业文化。

⑤ 建议去外地技能较强地区参观，学习其他地区同事们的优点。少讲大道理，可以讲些激励性的故事。建议多分析具体实例。

三、2019 年上半年培训工作重点

经过培训调研分析，上半年的培训工作重点主要有以下几个方面。

1. 培训对象的区分

根据不同层级的员工，主要分为销售管理人员和销售人员。针对销售管理人员，主要培训的课程是销售队伍的建设和管理、如何管理下属、如何指导下属等；针对销售人员，需要有计划、有步骤、分阶段进行培训。

2. 培训内容的丰富性

加强培训内容的适用性和针对性，以提升销售技能技巧为核心，同时对执行力、沟通能力、心态管理、公司文化等内容进行培训。针对通用类课程，充分调动内部员工积极性，并适当发放奖励。鼓励课程开发，进行课程评审，组建课题库。

3. 培训时间安排的合理化

提高培训的频率及次数，在时间上，根据各销售区域的实际情况，灵活安排，以岗位技能和个人能力提升的培训为主。

4. 培训形式的多样化

减少枯燥的课堂讲授，主要侧重于成功经验分享、案例分析等。针对销售技能技巧培训，多采用现场实操模拟、案例分析、研讨会等形式展开。岗位专业类培训主要由各大区自行组织，要求各区域上报培训流程，人力资源部给予支持并进行监控。

5. 内部讲师团队的建立

组建一支内部讲师团队，为提高讲师专业化水平，多组织课程开发、PPT 制作技巧、授课技巧等方面的培训；同时组织内部讲师交流分享会，交流授课经验及心得体会。

结束语:

在当前时期下，销售公司面临着前所未有的机遇和挑战，其中员工的培训与发展将起到非常重要的作用。接下来，我们人力资源将和各销售区域走在同一战线，及时了解市场真实的情况，给予各方面的支持。

小　结

在现代企业中，培训需求分析是培训活动的首要环节，是进行培训评估的基础，是使培训工作准确、及时和有效的重要保证，对企业的培训工作至关重要。

培训需求分析的实质是在规划与设计每项培训活动前，由培训部门采取各种办法和技术，对组织及成员的目标、知识、技能等方面进行系统的鉴别与分析，从而确定培训必要性及培训内容的过程。

　　因此，要想使培训有针对性，获得预期的效果，关键就是要做好培训需求分析。培训管理人员应在充分认识培训需求分析重要性的基础上，遵循相关程序，对关键影响因素进行逐一分析，从而得出最佳方案，真实有效地反映员工的培训需求。

第4章 培训计划

【案例】

南海石化员工培训计划

南海石化作为中国第一批国有企业股份制规范化试点单位之一，在市场经济建设步伐加快、科技因素对经济社会影响增大的今天，能赢得长期竞争优势、继续保持快速发展，关键得益于它对人才的重视与开发，从而拥有了一支高素质的员工队伍。

从劳动密集型向资本密集型转变，核心是科技进步。在转型的过程中，许多公司只重视引进国外先进的硬件设备，却忽视人才的引进与培养，因此步入了"引进——落后——再引进——再落后"的恶性循环模式。而南海石化将技术引进建立在培养人才的基础上，为不同层次、不同岗位、不同形式的员工，制订出与各自层级相适应的培训计划。

一、对公司董事及高层管理人员的培训

加强对公司董事及高层管理人员的培训，对于公司董事会及管理层更新、改善知识结构及管理理念，作出科学决策有着举足轻重的作用。对于这一方面的培训，公司主要有以下两点措施：

(1) 定期邀请国内外优秀的专家或资深管理人士到公司，针对公司董事和高层管理人员，就资本运作、投资者关系、组织机构、员工激励、改革创新等各个管理领域举行讲座或培训班。

(2) 定期组织董事及高层管理人员去国外的一些先进石油化工企业访问，实地考察调研，了解国外先进的运作模式、市场策略等。通过交流，不仅更新了公司高层的管理理念及思维模式，还加强了与国外公司的联系，为拓展国际合作奠定了基础。

二、对公司中层管理人员的培训

中层管理人员在公司的生产运营中起到了承上启下的作用，培训方案如下。

(1) 人力资源部定期组织系列培训，邀请公司内外的专业人士及学者就一些专题及公司面对的问题展开讨论，主题涉及财务管理、市场营销、绩效考核、加入WTO对国内石化

业的冲击等。

(2) 每位中层管理人员每年必须接受不少于 40 小时的公司组织的脱产培训，并且公司在一段时间内对中层管理人员就管理知识及相应领域的业务理论进行考核，考核结果计入中层管理人员的绩效成绩。

(3) 公司鼓励中层管理人员利用业余时间进修 MBA、法学硕士等研究生课程，费用由公司承担。

(4) 公司与国内知名大学合办 MBA 课程班学习，选拔绩效考核成绩突出且英语能力较强的年轻中层管理人员进行带薪实习。

三、对技术人员的培训

(一)对于管理人员后备力量的培训，公司制定如下方案。

(1) 人力资源部对一些新进公司的大学生及在当前岗位上表现突出、有较好潜质的职员进行专门的培训与考核，考核通过的被有计划地送往公司各个业务单元进行为期 3～5 年的岗位培训。

(2) 公司鼓励员工自发利用业余时间学习大学、硕士课程，员工拿到相关证书后可将有关学费通过公司每年的培训经费列支。

(二)技术骨干是公司最宝贵的人力资源，培训方案如下。

(1) 充分发挥他们在各自岗位的技术优势，每年至少给出为期一个月的脱产学习时间，使他们有充足时间与国内外同行交流信息。

(2) 开展专业技术人员继续教育。

(3) 在技术人员中全面实施学分登记制度。

(4) 加强与高校的联合，培养公司急需的应用型人才，绩效考核成绩优秀者还会被公司派送到国外优秀的石化企业进行为期 3 个月至一年的岗位交流培训。

(资料来源: https://www.taodocs.com/p-40617610.html)

思考:

南海石化对不同层次员工的培训计划分别有何特色？又有什么不同之处？

4.1 培训计划概述

4.1.1 培训计划的定义及内容

培训计划是按照一定的逻辑顺序排列的记录，它是从组织的战略出发，在全面、客观的培训需求分析基础上做出的对培训内容、培训时间、培训地点、培训者、培训对象、培训方式和培训费用等的预先系统设定。其中需要注意以下几点。

(1) 培训计划要兼顾组织和员工的需求，兼顾组织资源条件和员工素质基础。

(2) 培训计划要充分考虑人才培养的超前性及培训结果的不确定性。

总之，制订培训计划要遵循有利于组织总体目标的实现、有利于提升竞争力的原则，以受训者为核心，切实提升和改善受训者的态度、知识、技能和行为模式。

一份完整的培训计划应当包括培训目的及目标、培训对象及内容、培训范围及规模、培训时间及地点、培训讲师及预算、培训方法及实施等。具体内容如表4-1所示。

表4-1 培训计划的内容

培训目的	主要说明为什么要进行培训。只有阐明了培训目的，才能确定员工培训的基本情况，才能确定培训计划所涉及的各项资源的投入规模和程度
培训目标	是指员工培训所要达到的标准。这是基于培训的目的，结合培训资源配置的情况，将培训目的具体化、数量化、指标化和标准化
培训对象和内容	即明确培训谁，培训什么，培训的类型。这些需要在培训需求分析中通过对工作任务的系列调查和综合分析进行确定
培训范围和规模	培训的范围一般包括企业、部门、基层和个人等层次。其规模受多种因素的影响和制约，如人数、场所、培训性质、工具及费用等
培训时间和地点	培训的时间安排受到培训范围、对象、内容、方式和费用等因素的影响。如较为复杂的培训内容，通常需要集中培训，其时间要根据培训的内容具体确定。培训地点是指受训者接受培训的所在地区和培训场所。如岗位技能培训，一般都安排在工作现场
培训预算	指培训部门在制订培训计划时，对培训实施费用和培训管理费用的预算。包括直接培训成本和间接培训成本
培训方法	培训规划必须根据培训资源配置的情况，正确地选择适用的培训方式和方法。培训方法的选择要根据培训的目的、目标、对象、内容和经费及其他条件决定

培训讲师	培训管理的工作要以讲师为主导。在制订培训计划时，一定要根据培训的目的和要求，全面考虑培训讲师的选拔和任用问题
计划实施	为了保证培训计划的顺利实施，培训计划应当提出具体的实施程序和组织措施。主要包括：制定培训项目的负责人及管理人，做好相关部门的协调工作，让受训者明确培训目的、要求、内容和程序，确保培训的时间、参加培训人数以及资金投入，定期进行培训评估，改进培训工作，保证培训质量的措施等

4.1.2　培训计划的分类

1. 按培训对象划分

以培训对象为划分标准，可将培训计划分为管理开发培训计划、专业职能培训计划、骨干员工培训计划和新员工培训计划。

(1) 管理开发培训计划

管理开发培训计划，是企业为了提升员工的管理能力和综合素质所制定的一整套培训与开发计划。企业制订管理开发培训计划的目的是帮助企业内部管理人员成长，提高企业的绩效和利润。

管理开发培训的内容除了正式的在职培训项目，还包括绩效评估、工作轮换计划、职业轨迹规划、管理继任计划、高潜能人员确认系统以及职业发展咨询活动等特别项目。

(2) 专业职能培训计划

专业职能培训计划，是指企业对财务、工程技术等专业人员，针对其业务范围和职能要求，所制订的相关知识技能的培训计划。

其目的在于使培训对象及时掌握各自专业领域内的最新动态和前沿知识，不断更新自身专业水平。

(3) 骨干员工培训计划

骨干员工培训计划，是指企业根据工作说明书和工作规范的要求，为了持续提升员工个人管理素质与工作技能，实现各级骨干员工的培养及储备而制订的培训计划。其制订需要注意培训计划的针对性、专业知识和技能的层次性，以及培训的适应性和前瞻性。

骨干员工培训计划的目的是使培训对象明确职业分工、操作流程、权责范围，掌握必要的工作技能，培养与组织相适应的工作态度与行为习惯，高效地完成本职工作。

(4) 新员工培训计划

新员工培训计划，是指企业针对刚通过招聘进入企业、对企业内外情况生疏的新员工制订的一系列培训活动计划。

其目的是对新员工进行心理和能力上的指导，使其对新的工作环境、职责范围、规章制度、组织期望等有所了解，从而尽快地融入企业中，适应新的工作环境。

新员工培训计划的主要内容包括企业概况、企业规章制度、企业文化、产品知识、业务知识技能、工作流程等。

2. 按培训层级划分

根据培训计划的层级，可以将培训计划分为公司级培训计划、部门级培训计划和个人培训计划。

(1) 公司级培训计划

公司级培训计划，是指公司的整体培训管理计划。主要包括岗前管理培训、岗前技术培训、质量管理培训、公司管理培训等。

在制订公司级培训计划时，要准备具体、多样的培训主题，其内容要涵盖各个部门、各个层级的员工，尤其要注意兼顾公司的短期利益和长期利益。

(2) 部门级培训计划

部门级培训计划，是基于部门的实际培训需求制订的，主要包括各个部门可进行的技术管理培训、应用技术培训、产品知识培训、工程管理培训、营销策略培训和商务知识培训等。

计划制订者完成部门级培训计划后，要与各部门经理进行讨论，同时听取各部门经理的意见和建议，对计划的内容进行增减。尤其要注意的是，部门级培训计划不能由培训部孤立制订，必须有部门经理的协助，以避免在后续的实施过程中出现管理混乱，甚至产生纠纷。

(3) 个人培训计划

个人培训计划，是指将整体培训目标进行分解，并结合个人培训需求制订的培训计划。其制订需要将宏观的培训计划或者培训目标分解和细化，具体地落实到员工个人身上。

3. 按时间段划分

按照培训计划的时间段，培训计划可以分为年度培训计划、季度培训计划和月度培训计划。

(1) 年度培训计划

年度培训计划是企业在未来年度实施培训工作的纲要，在整个年度的培训工作中起到指导作用。年度培训计划的质量，直接影响培训实施的结果。

年度培训计划是企业根据发展战略规划制订的全年培训计划，主要包括培训组织建设、项目运作计划、资源管理计划、年度预算、机制建设等方面的内容，计划中还需要有量化目标、具体运作模式、保证机制等。

(2) 季度培训计划

季度培训计划是企业以季度为时间段制订的培训计划。季度培训计划作为年度培训计划的分解，主要目的是根据企业培训现状及员工培训需求调整年度培训计划，使培训工作更符合实际。

(3) 月度培训计划

月度培训计划是企业按照月度制订的培训计划。月度培训计划是在企业年度和季度培训计划的基础上，参考企业上一月度的培训工作状况，结合相关部门对培训工作的意见和建议对培训计划进行进一步确定。

4．按培训时间跨度划分

按照培训计划的时间跨度为标准，可将培训计划分为长期培训计划、中期培训计划和短期培训计划三个类别。这三类培训计划是一种从属的关系，中期培训计划是长期培训计划的进一步细化，而短期培训计划则是中期培训计划的进一步细化。

(1) 长期培训计划

长期培训计划通常指时间跨度在 3～5 年及以上的培训计划。长期培训计划需要明确的事项包括组织的长远目标分析、个人的长远目标分析、外部环境的发展趋势分析、目标与现实的差距、人力资源开发策略、培训策略、培训资源配置、培训支援的需求、培训内容整合、培训行动步骤、培训效益预测、培训效果预测等。

长期培训计划的重要性在于明确组织培训的方向性、目标与现实之间的差距和资源的配置，这三项是影响培训最终效果的关键性因素。

(2) 中期培训计划

中期培训计划是指时间跨度为 1～3 年的培训计划。中期培训计划需要明确以下事项：培训中期需求、培训中期目标、培训策略、培训资源分配、培训支援的需求、培训内容整合、培训行动步骤、培训效益预测、培训效果预测等。

中期培训计划是长期培训计划的进一步细化，在组织整体培训计划中起到了承上启下的作用，也为短期培训计划提供了参考。

(3) 短期培训计划

短期培训计划是指时间跨度在 1 年以内的培训计划。短期培训计划需要明确的事项主要有培训的目的与目标、培训时间、培训地点、培训参与者、培训方式、培训内容、培训组织工作的分工和环境、培训资源的具体使用、培训资源的落实、培训效果的评价等。

4.2　培训计划的制订

4.2.1　制订培训计划的原则

企业开展和实施员工培训的基本前提就是制订培训计划，因此，培训计划的制订要严格遵循以下原则。

(1) 培训计划必须建立在组织发展战略的基础上，满足组织发展的需要。

(2) 培训计划必须基于培训需求调查。

(3) 培训计划的制订以各部门的工作计划为依据。

(4) 制订培训计划要争取最高管理层及各部门主管的支持和承诺。

(5) 使多人参与培训计划制订，有利于获得更多的支持。

(6) 制订培训计划需要顾及员工的个体差异，设计不同的学习方式。

(7) 培训计划的制订要采取积极的措施提高培训效率。

(8) 培训计划的制订要注意培训细节及内容，关注培训的实效性。

4.2.2　制订培训计划的流程

培训计划制订的流程一般包括分析确定培训需求、确定培训目标、规划培训内容、制订培训计划、培训计划评价、编写培训计划书等。具体如表 4-2 所示。

表 4-2　培训计划制订流程

工作目标	知识准备	关键点控制	细化执行	流程图
保证培训工作的计划性；确保各培训项目的有序进行	了解培训计划的具体内容；掌握培训计划制订的方法	1. 分析确定培训需求 1.1 人力资源部根据企业发展的需求，进行培训需求调查，或者由各职能部门根据工作需要定期向人力资源部提出培训需求的申请 1.2 人力资源部根据调查结果及各职能部门提供的情况，确定是否需要培训，培训哪些内容等	《培训需求调查表》 《培训需求申请表》 《培训需求分析报告》	分析确定培训需求
		2. 确定培训目标 人力资源部根据各职能部门提供的信息，结合需求分析结果，确定培训的具体目标，上报领导审批	《培训需求分析报告》	确定培训目标
		3. 规划培训内容 3.1 人力资源部根据培训需求内容，规划培训的内容 3.2 根据不同层级员工的需求设置培训课程	《培训内容说明》 《培训课程表》	规划培训内容
		4. 制订培训计划 4.1 培训目标和内容确定后，人力资源部编制培训计划 4.2 培训计划的具体内容包括培训内容、培训时间、培训方式、培训地点、选择培训师和受训者等方面	《培训计划草案》	制订培训计划
		5. 培训计划评价 培训计划制订完成，在内部进行讨论，修正后知会各职能部门负责人，各部门对计划提出建议并及时反馈给人力资源部	《培训计划草案》	培训计划评价
		6. 编写培训计划书 人力资源部根据各职能部门提出的建议完善《培训计划草案》，最终形成《培训计划书》，上报有关领导审批后组织实施	《培训计划草案》 《培训计划书》	编写培训计划书

4.2.3 制订培训计划的方法

培训计划的制订可以采用培训会议讨论、部门经理沟通、企业领导决策、培训文件传阅等多种方法。

1. 培训会议讨论

培训会议讨论是口头沟通制订培训计划的一种重要方式，与会人员可以将与培训计划相关的建议或者意见及时反馈给培训组织部门，在会议上组织讨论，为培训计划的制定工作集思广益。参与会议讨论的人员通常包括培训部负责人、培训课程开发人员及培训对象代表等。

培训组织人员须在会议前将培训计划的草案分发给与会人员，在会议上按照培训计划草案中的培训项目进行讨论。会议结束后，培训人员将会上讨论后的意见和建议进行汇总，并根据实际情况进行调整，从而使培训计划更符合实际。

2. 部门经理沟通

部门经理沟通的方法适用于企业部门级培训计划的制订。培训组织部门必须在培训计划制订前与部门经理进行充分的沟通，否则有可能在实际的执行过程中因沟通不畅等原因遇到来自部门经理的排斥甚至干扰。

部门经理沟通的方法可以按照下面几个步骤进行。

(1) 编制计划草案。培训组织部门在对企业实际情况及外部培训资源充分了解和分析的基础上，制订计划草案。

(2) 培训计划评估。培训组织部门将培训计划草案与培训需求部门进行沟通，并对培训计划进行评估。

(3) 培训计划实施。培训组织部门再与培训部门经理沟通，并将培训计划交给企业领导审批后，开始培训计划的实施。

3. 企业领导决策

企业领导决策是指直接由企业领导对企业的培训具体情况加以决策，最终确定培训计划。当培训计划制订部门与培训需求部门意见不统一、发生分歧时，企业领导决策的方法尤为关键。

4．培训文件传阅

培训文件传阅是培训计划通过书面沟通制定的重要方法之一。培训文件传阅是指由培训文件传阅人在不受他人干扰的情况下直接在传阅文件的签署栏里填写自己对培训计划的建议或者意见。这种方法不仅利于培训组织部门汇总培训意见或者建议，更能起到集思广益的作用。

5．其他方式

培训计划的制订也可以采用电子邮件、内部网络等多种方式进行，企业可以根据实际情况采取适宜的方法进行沟通和确定培训计划。

4.3　培训计划的实施

4.3.1　培训计划的实施流程

培训计划制订后，如何实施无疑是最关键的。具体而言，培训计划的实施涉及以下两个方面。

1．培训准备工作

培训的准备工作主要包括以下方面。

(1) 确定培训讲师。培训讲师是开展培训的授课主体，其知识丰富程度、语言表达能力、授课形式等均会对培训效果产生影响。培训组织人员要根据企业培训的课程要求、培训讲师的专业性以及授课经验等因素选择合适的培训讲师。

培训讲师主要有两大来源：企业外聘和企业内部开发。培训管理人员应根据企业实际情况，确定适当的内部和外部培训讲师的比例，尽量做到内外搭配、相互学习、相互促进。无论培训讲师来自企业内部还是企业外部，培训组织者对于培训讲师的备课、培训内容的讲授等方面都要进行适时监督，并制定相应的规范，对培训讲师实行科学、严谨的管理。

(2) 确定教材。培训教材一般由培训讲师根据培训需求确定。教材来源主要有四种：外面公开出售的教材、企业内部的教材、培训公司开发的教材和培训讲师编写的教材。一套好的教材应该是内容围绕目标，讲解简明扼要、图文并茂、引人入胜。

(3) 确定培训场地。对培训讲师和新员工来说，培训场所是十分重要的。舒适的环境会令新员工的学习效率提升。因此，培训组织人员要根据培训的实施形式、授课方法、培训对象、受训者人数、培训预算等因素选择培训场地，同时还要考虑场地的整体环境及配套设施条件等。培训地点一般包括企业内部的会议室、企业外部的会议室、宾馆内的会议室等。

(4) 准备好培训设备。培训组织人员应根据培训课程的要求准备需要用到的培训设备，并对设备逐一调试和检查，以确保其正常运行。尤其要准备备用电源和设备，以防培训过程中因断电、设备损坏而导致培训无法进行。

(5) 决定培训时间。培训时间不能影响正常工作，原则上培训时间长度一般以白天不超过 8 小时、晚上不超过 3 小时为宜。新员工应安排上岗前的集中培训，时间为一周至十天，甚至一两个月。一般员工则可根据培训对象的能力、经验来确定培训期限。

(6) 发布培训通知。在确定了培训的时间和场地后，在培训开始前一周确定参训人员名单并及时发布培训通知，要确保每一位参训者都收到通知。

培训通知书的内容应包括培训课程名称、培训形式、培训时间、培训场地、培训内容、培训机构或者培训讲师、培训对象、培训负责人等信息。

(7) 培训实施的其他细节。培训的具体实施是一个培训讲师和培训对象之间教与学互动的过程。为了营造良好的互动气氛，保证培训讲师的授课效率，提高培训对象的学习效率，就需要制定一些规章制度，以规范培训对象的行为。

2. 培训运营管理工作

培训运营管理工作包括以下几方面。

(1) 培训签到管理。培训管理人员应当组织到达培训现场的受训者填写签到表，以统计和确保受训者的出勤情况。

(2) 培训导入管理。培训课程导入设计方式繁多，培训讲师要根据受训者的心理特点和课程的要求，营造出最佳的课堂氛围和环境实现课程的导入，引导和激发受训者的学习热情，充分调动受训者的主观能动性和学习积极性，从而保证受训者的听课效率和学习成果。

(3) 培训内容监控。培训组织人员要随时关注、监控培训内容，确保其不偏离培训主题。当受训者的讨论偏离主题时，要及时纠正，引导其回归到预定的课程内容中。

(4) 受训者反馈。培训组织人员要积极听取受训者对于培训组织工作和培训课程内容的反馈，并将这些意见和建议整理汇总，及时协调、改进培训工作。

4.3.2 培训计划的实施方法

根据培训计划的内容不同，企业培训计划的实施可以采用企业内部培训方法、企业外部培训方法或者其他培训方法进行。

1. 企业内部培训方法

企业内部培训方法的内容和特点如表 4-3 所示。

表 4-3 企业内部培训方法

企业内部培训方法	内 容	特 点
专题讲授	针对某一专题进行系统的讲授	集中学习，信息量大
角色情景演练	亲身体验所处角色的特点，身临其境	加深学习印象，提高培训主动性
案例培训	通过对案例的讲解、分析，学习知识、方法	贴近实际，提升实战能力
训练式培训	如礼仪、公文写作、销售技巧等，由受训者亲身实践	印象深刻，有效提升技能
主题学习性工作会议	就企业某一阶段所关注的专题，召开学习会议，参会人员在会上进行学习、沟通和交流	统一认识，共同提升
工作现场即时性培训	即工作学习化、学习工作化，在工作现场即时进行培训交流	集思广益，快速有效地解决问题，避免问题重复发生

2. 企业外部培训方法

企业外部培训方法的特点如表 4-4 所示。

表 4-4 企业外部培训方法

企业外部培训方法	特 点
公开课	开阔眼界，参训灵活度高，增加与外界交流的机会
拓展训练	体验式培训。适合增强团队精神、锻炼个人意志、挑战自我等，受训者参与度高
沙盘演练	体验式培训。将实际的工作微观模拟在沙盘上，在学习知识的同时，可使工作中的思维方式和行为方式得到系统锻炼，参与性强，弥补成人学习的不足
脱产教育	通过阶段性的集中学习，更系统地掌握内容，有利于缓解非短期的学习压力

3．其他培训方法

其他的培训方法有以下这些。

(1) 现场考察培训。到优秀企业参观，学习其先进的理念，借鉴其好的做法，可以在一定程度上使企业少走弯路。在观摩和感悟中学习，印象更为深刻。

(2) 培训游戏。这种方式通常应用于其他培训方式中，在游戏中进行情景、感悟培训，寓教于乐，体验更为生动。

(3) E-Learning 培训。适应信息化时代的特点，利用企业网络随时随地展开学习，灵活高效。

(4) 专题自修。企业可以根据培训计划安排受训者个人进行专题自修，鼓励受训者利用业余时间自学。这种方法灵活度高，投入成本低，特别适用于补充性学习、企业相关制度学习等方面。

4.3.3　培训计划的实施管控

在实施培训计划的过程中，企业可以通过以下四个方面对培训计划的实施进行有针对性的管控。

1．制定培训计划实施标准

在实施培训计划前，首先要明确培训的目的，并按照该目的采取可行的实施方法，同时对培训涉及的内容制定相应执行目标或者标准。

(1) 受训者的范围标准。如培训哪一类人员，其规模的大小。

(2) 培训讲师标准。培训的讲师需要从外部聘请，还是使用内部讲师；讲师的资历、讲授技巧；讲师应做的准备工作等。

(3) 培训方式方法标准。主要指基于培训内容选择何种培训方式：内部培训还是外包培训，室内培训还是户外培训，讲授还是实操，小组讨论、角色扮演还是案例分析等。

(4) 培训时间标准。根据企业的现状以及行业特点和经营特点，确定多长时间开展一次培训，每次培训的具体课时标准。

(5) 培训场地选择标准。根据培训预算标准、培训人数以及培训内容确定培训场地选择标准，选择合适的培训场地。

(6) 培训费用标准。根据年度培训费用预算以及企业实际经营状况,合理分解编制月度及每次培训费用预算。

(7) 培训考核标准。培训后,为保证培训效果,应进行及时的考核,在检验培训效果的同时,确保受训者能够将培训所获及时应用到实操中去。

2. 对培训计划及时分解及综合平衡

当年度培训计划或者整体培训计划确定后,要及时将其分解到季度、月度或者部门培训计划,并由相关单位负责人提供相应的培训计划执行意见。等各局部性培训计划制订完成后,要统一交由培训部进行综合平衡。

3. 及时展开培训工作进度报告会

培训部应当每周组织一次培训工作进展例会,对上一周的培训工作进行总结和梳理,从而保证出现问题及时解决、补救或者及时调整计划实施,以确保年度培训计划如期完成。

4. 及时提交培训工作报告

在每一期培训结束后,培训负责人都要及时编写《培训工作报告》,明确培训进展情况和总结经验教训。

小　　结

培训计划是按照一定的逻辑顺序排列的记录,它是从组织的战略出发,在全面、客观的培训需求分析基础上做出的对培训时间、培训地点、培训者、培训对象、培训方式和培训内容等的预先系统设定。一个完善的培训计划方案的实施,能有效提升企业员工的培训效果,对企业员工的培训发挥着重要的作用。

第5章 培训设计与课程开发

【案例】

华为的外包

在中国沿海经济开放城市中，华为技术有限公司是比较早开始进行培训外包的大型企业。华为在培训外包业务上比较经典的案例，是将其物业管理这一块外包给了戴德梁行。

作为一家专业性的物业管理公司，戴德梁行在接手华为龙岗区坂田基地的物业管理之后，不但通过内在潜力的挖掘与自身管理能力的提升，大大降低原来由华为公司自己操作物业的各项人力资源管理费用，而且还极大地提升了物业管理的品质。此后，深圳市特发物业管理有限公司等数家知名物业管理企业，通过分别与华为技术有限公司签订物业管理合同，而建立了外包的战略合作伙伴关系。

当这几家物业公司联手接管戴德梁行在坂田基地的物业管理后，不但保持了原来戴德梁行物业所提供的优质服务水准，而且又一次降低了华为技术有限公司的人力资源管理费用。

而与华为技术有限公司有着密切协作关系的专业人力资源外包服务商，当首推总部位于福田区的深圳市鹏劳人力资源管理有限公司(以下简称鹏劳公司)。其受理的人力资源外包业务，涵盖了人力资源招聘、推荐、派遣服务，人力资源培训和职业指导测评服务，劳动和社会保障事务代理服务，劳动法律法规和信息咨询服务等许多方面。鹏劳公司在人力资源外包业务上，已经深化到涵盖人力资源的各个管理领域。

在鹏劳公司所接手的人力资源外包业务中，都是以发包方，即用人单位为主体而进行的。如在员工招聘业务中，是由用人单位提出具体用人要求。在合同管理过程中，为规避用人单位风险，是由受包方，即鹏劳公司依法与派遣员工建立劳动关系。在员工培训方面，由鹏劳公司负责员工岗前培训与技能培训。在薪酬发放方面，由鹏劳公司提出薪酬政策，经与企业协商一致后执行。在员工保障方面，由鹏劳公司为员工办理社保及相关商业保险。在员工激励方面，由鹏劳公司进行多种形式的奖励。在企业文化方面，由鹏劳公司组织开展形式多样的业余文化活动，以激发员工工作的积极性。在后勤管理方面，由鹏劳公司提供社会化后勤服务。在员工调配方面，鹏劳公司根据用人单位需求，实现员工余缺调配，以提高人力资源的利用率。

思考：
1. 外包的优势是什么？
2. 如何利用外包提高人力资源的利用率？

5.1　培训项目设计概述

5.1.1　培训项目设计的层次

对于培训项目来说，其生产过程和消费过程是同时发生的，效果和体验取决于培训讲师和受训者之间的互动，并且最终的效果在培训完成后才能显现，因此，它的设计将贯穿始终。

通常在一个培训项目中，会有不同层次的设计，包括项目规划、课程设计、教材设计、每节课的教学设计等。每层设计考虑的重点都不一样，既彼此独立又相互关联。总体来说，可以将培训项目设计分为三个层次的内容。

(1) 通过调研确定项目的总体目标(包括项目目标、指导思想、策略、项目规划)。它的成果包括调研报告和项目建议书。

(2) 将目标转化为可实现的服务系统(包括具体的计划、阶段目标、对象、课程、活动、管理制度、成果和评价)。它的成果包括项目简要阐述、课程设计等。

(3) 服务系统运营的每次活动的设计，即每节课的教学设计。

5.1.2　培训项目设计的原则

培训项目设计的原则可以概括为满足需求、重点突出、立足当前、讲究实用、考虑长远、提高素质，还要考虑激励性及职业发展性。

培训项目设计的原则具体如图 5-1 所示。

图 5-1　培训项目设计的原则

5.1.3　培训项目设计的流程

基于培训需求分析的培训项目设计需要满足以下流程。

1．明确员工培训目的

企业培训的目的是实现企业战略与经营目标。因此，企业在制订员工培训计划的时候，既要考虑短期目标，又要考虑未来的长期目标，并将两者有机结合在一起。

2．对培训需求分析结果的有效整合

培训需求调查分析包含组织层面和员工层面。因此，对培训需求分析结果的整合就要从这两个层面入手。

(1) 组织层面。要使最终选择的培训内容既能着眼于当前所需新知识、新技术的传授，又能着眼于企业未来发展。

(2) 员工层面。以问卷调查法和面谈法为主，其中需要包括这些信息：理想的工作绩效、实际工作绩效、受训人员对工作的各方面感受、产生绩效问题的原因、解决问题可能的途径。

3．界定清晰的培训目标

培训目标是培训计划和培训方案制订与实施的导航灯。确定培训目标应当符合以下

要求。

(1) 培训的目标应解决员工培训要达到什么样标准的问题。

(2) 将培训目标具体化、数量化、指标化、标准化。

(3) 培训目标要能有效指导培训者和受训者。

4. 制订培训项目计划和培训方案

在拟定培训项目时，既要明确指出受训者在接受培训后所需要掌握的知识和技能，又要明确受训者在接受培训后应当达到的目标。

一个完整的培训方案要满足以下三个方面的基本要求。

(1) 培训目标传达给受训者的意图。如受训者在培训后应该表现出的行为；受训者经过培训后应当实现的工作业绩；评估培训后产生绩效的标准等。

(2) 组织对受训者的希望。如企业希望受训者在培训结束后能够做什么；企业希望受训者在哪些特定的情况下表现出哪些行为；企业希望受训者的业绩达到什么标准。

(3) 受训者如何将培训项目要求与自身情况结合。

培训项目计划应该包含以下内容，如表 5-1 所示。

表 5-1　培训项目计划的内容

内　容	说　明
培训目的	说明员工为什么要进行培训
培训目标	解决员工培训应达到什么样的标准(根据培训目的，结合培训资源配置的情况，将培训目的具体化、数量化、指标化、标准化)
受训人员和内容	明确培训谁、培训什么
培训范围	包括四个培训层次，即个人、基层、部门、企业
培训规模	培训规模受人数、场地、培训性质、工具、费用等影响
培训时间	时间安排受培训范围、对象、内容、方式、费用，以及其他与培训相关的因素影响
培训地点	培训对象接受培训的所在地区和培训场所
培训费用	即培训成本，指企业在员工培训过程中所发生的一切费用，包括直接成本(在组织实施过程中培训者与受训人员的一切费用总和)和间接成本(在组织实施过程之外企业所支付的一切费用总和)
培训方法	包括讲授法、视听技术法、讨论法、案例研究、角色扮演、网络培训、自学等方法
培训师	应根据培训目的和要求，充分、全面地考虑培训师的选拔和任用问题

5. 培训项目计划的沟通和确认

培训项目计划的沟通和确认需要做到以下两点。

(1) 要获得与培训相关的部门、管理者和员工的支持，以便落实培训计划。

(2) 要说明报告的内容，如培训的出发点、培训要解决的问题、培训的方案和行动计划、希望得到的支持。

5.2　培训课程开发

5.2.1　培训课程开发概述

在任何一个培训活动中，无论培训者和受训者发生怎样的变化，培训活动都必然围绕着特定的培训内容开展。可见，培训课程在整个培训活动中处于核心地位。培训课程可以有效地将培训者与受训者联系和统一起来，使培训活动得以发生。

培训课程开发是一种运用系统方法分析社会、企业和人的发展需求，根据一系列的需求，对培训课程的实质性结构、课程基本要素的性质，以及这些要素的组织形式或者安排的设计。

一般来说，课程开发的成果既包括一项制订好的培训课程计划，也包括这项计划中具体内容的确定，如培训师手册、培训对象手册、练习及案例手册、测试题库、演示稿等材料。

培训课程开发时，要充分考虑培训需求，受训者的兴趣、动机、学习风格等方面的种种因素，应对参训者的学习方式进行开发，把握培训最本质、最具决定性的方面。

培训课程开发主要包含九项要素，即课程目标、课程内容、课程教材、培训模式、培训策略、课程评价、培训组织、课程时间、课程空间等。

1. 课程目标

课程目标是指受训者学习的方向及在学习过程中各阶段应当达到的标准。因为培训的需求是不断变化的，在企业发展的不同阶段、企业内部的各个部门之间培训课程的目标都是不同的。

课程目标常常通过联系课程内容，以特定的行为术语来进行表述，这些往往属于认知范围。比如在一些课程的教学大纲中，通常会标记"了解""熟悉""掌握""重点记忆"等认知标准。

2．课程内容

课程内容的设置较为灵活，既可以是学科领域中的概念、原理、方法和技能技巧，也可以是工作过程、程序、步骤、规范和标准等。课程内容的设置要关注课程内容范围和顺序的明确性。

(1) 课程内容范围主要是指对横向课程的安排，课程内容的范围要在精心分析后进行限定，使内容对受训者有意义。

(2) 课程内容顺序主要是指对纵向课程的组织，比如课程第一节是关于工作中的相关理论知识，第二节讲授实操技巧，第三节介绍工作改进方法等。

3．课程教材

课程教材是将学习的内容呈现给受训者的载体。其形式有教学大纲、报刊上的相关论文与案例，及与课程内容有关的影像资料、参考读物、学习指导、辅导教材等。

4．培训模式

培训模式是指学习活动的安排和培训方法的选择，它与课程目标直接相关，旨在促进受训者的认知发展和行为模式。培训模式即课程的执行模式，科学合理的培训模式能有效地展现课程内容，激发受训者的学习热情，提高学习效率。

5．培训策略

培训策略是指培训师对培训程序的选择和培训资源的利用，它与培训活动密切相关，是培训活动的一个组成部分。在培训工作中，培训师经常采取的培训策略是"判断——指令——评价"。

(1) 判断。这是指培训师分析受训者的学习进展情况、工作情况，对他们遇到的问题进行判断。

(2) 指令。这是指培训师基于之前对受训者的判断，对其学习顺序的下一个步骤做出指令。

(3) 评价。当受训者完成指令后，培训师做出评价，评估受训者是否掌握了课程开发的学习内容。

6. 课程评价

培训课程评价是在课程实施完毕后对课程全过程进行的总结和判断，重点在于确定培训效果是否达到了预期的目标，以及受训培训对象对培训效果的满意程度。它跟培训评估有一定交叉的地方，但是培训课程评估不能简单地作为培训效果评估。

7. 培训组织

培训组织的主要形式包括面向受训者的班级授课制和分组式授课制，其中班级授课制有助于受训者接受现有的知识成果，但往往因受训者的个体差异难以做到效率统一。分组式授课制这种"因材施教"的模式为个性化教学提供了可能。

8. 课程时间

课程时间设计是否合理会直接影响整个培训的效果。课程开发者要对有限的课程时间进行合理配置，培训师要使受训者能够在整个课程执行期间积极地参与活动，以提升培训时间的利用率。

9. 课程空间

课程空间主要指培训教室，以及在培训过程中其他可以使用的场所，如实验室、会议室、研讨室、礼堂、生产车间等。

5.2.2　培训课程开发的原则

一旦企业培训目标确定，就需要构建出契合企业培训目标的课程体系。企业必须根据培训目标所界定的规格、职业岗位职责任务等，科学合理地进行课程开发。其中在课程开发中必须坚持遵循六个基本原则。

1. 目标导向性原则

课程开发，必须以企业制定的培训目标为课程开发活动的准则与导向，要防止课程开发活动偏离企业的发展目标。

2. 公正与对话原则

企业中的每个员工都平等地享有接受培训的权利，都有各自不同的特性、兴趣、能力和学习需求，因此，企业应当关注员工的个体差异和不同需求，有针对性地为员工设计、开发、实施培训课程。

同时，课程的开发应在理解的基础上进行对话，通过培训讲师与受训者之间、培训讲师之间的有效沟通，将使培训课程开发更有成效。当然，企业还需要提供一种有效的培训，反对排斥和歧视受训者。

3．协调性原则

对于企业来说，课程开发不仅会引起各部门不同程度的变革，还会影响企业固有的培训体系的各个方面。

具体而言，企业在课程开发中应当做好两方面的协调工作。

(1) 课程开发必须在企业计划框架内，在根植于弥补企业层面课程缺失的基点上，谋求企业层面课程和部门层面课程的统一协调。

(2) 协调课程开发过程中企业高层领导、部门领导、培训讲师、受训者等主体的意见和观点，避免彼此之间的冲突与对立，防止培训课程演变为个人本位的课程。

4．实践性原则

实践教学是企业中实现能力培训的一个重要支撑点。所以在培训课程设置过程中，既要充分体现与各岗位职责所匹配的实践环节和内容，还要体现交叉复合岗位实践内容和形式以及这种实践的可操作性。

5．超前性原则

人才的培养需要以市场为导向，这就决定了课程开发者必须对企业发展战略、国家经济发展趋势、行业发展趋势、企业人员职业生涯规划等方面做出准确分析和预测，为预先开发课程提供可能性和依据。

6．尊重成人受训者认知规律性原则

在企业培训课程中，受训者都是成年人，因此在培训教学内容的编排、教学模式的选择、培训教师的选配、教材的开发等方面都要符合成人的认知规律和学习的特点，建立适合受训者的学习方式。

5.2.3　培训课程开发的内容

培训课程开发包括四个方面的内容：课程目标、方法、课程评估、课程修订。

1. 课程目标

培训课程必须有明确清晰的课程目标，这是课程开发计划的起点和依据。以结果为导向来设定课程的目标，是培训活动的出发点和最终归宿，也是受训者培训结束后是否达到培训效果的评判标准。

(1) 制定课程目标的原则。在培训课程开发中，课程目标不仅仅关注培训讲师传授了什么，更要关注受训者学到了什么。因此，在制定课程目标时，应遵循 SMART 原则。

S(Specific)——明确性。

M(Measurable)——衡量性。

A(Attainable)——可实现性。

R(Relevant)——相关性。

T(Timed)——时限性。

具体如图 5-2 所示。

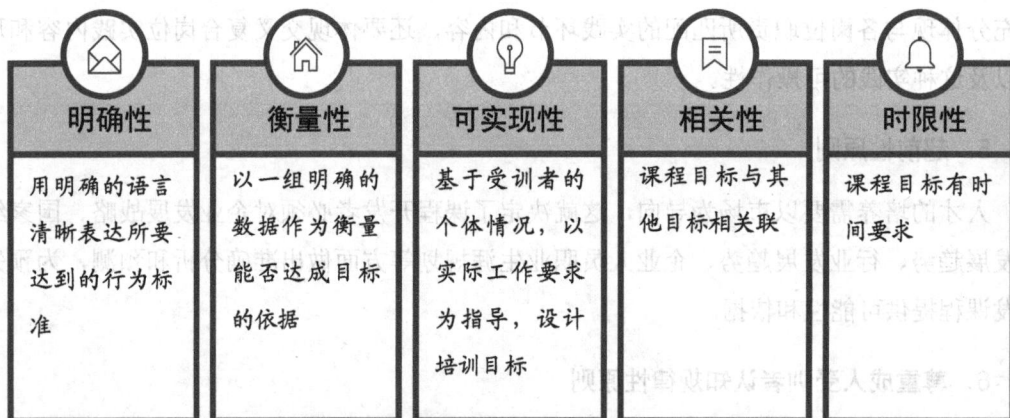

明确性	衡量性	可实现性	相关性	时限性
用明确的语言清晰表达所要达到的行为标准	以一组明确的数据作为衡量能否达成目标的依据	基于受训者的个体情况，以实际工作要求为指导，设计培训目标	课程目标与其他目标相关联	课程目标有时间要求

图 5-2　SMART 原则

(2) 培训课程目标的分类。在设置课程目标时，应当对受训者通过培训后应达到的行为状态做出明确阐述，然后对该阐述进行类别化和层次化处理。具体来说，培训课程的目标一般有三类：认知类、态度类和技能类。

① 认知类目标

理论与知识类课程侧重于要求培训对象从记忆到理解，从简单应用到综合运用，最终实现创新运用。因此，这类课程的目标设定与受训者的学习成果有关。

② 态度类目标

观念态度类课程侧重于转变受训者态度，接受并认同培训讲师提出的观念，从而实现行为转化进而内化为其价值观，主要依受训者个人价值观、判断、反应及自我想法的变化来设定课程要达到的目标。

③ 技能类目标

技能类课程较为关注受训者的技能掌握程度。例如，受训者只是理解、能够模仿、简单运用，还是熟练地使用。在进行课程目标设定时，要根据企业期望和受训者的实际情况综合来确定，在目标描述时尽量采用数据进行量化，便于培训成果转化评估。

2．方法

在培训课程开发中，培训方法可以根据不同的课程内容进行选用，从而保证培训课程效果达到最优。

培训方法主要有在职现场培训、导师制、讲授法、案例教学法、体验式培训法、小组讨论法、演示法、角色扮演法等。

3．课程评估

可以从每一个参与者、观摩者、培训讲师处获取对课程的评价，根据各项评论意见、受训者绩效成果、培训讲师的评价、课程开发人员的评论等，来编写综合的课程评估报告。

4．课程修订

课程的修订必须以培训讲师、受训者、专家、课程开发人员、培训项目相关人员的评论为依据，其修订涉及协调时序和序列，更新或者变更课程内容，补充或者删减课程内容，调整练习、试题、实例等程序。

课程在经过修订后，就可以获得较为完善的课程设计产品。

5.2.4　培训课程开发的流程

在培训项目开发过程中，作为企业培训部门如何就关键点进行把控，对于项目成果及培训效果起着至关重要的作用。根据相关课程开发经验，培训课程开发一般包括培训项目计划、培训课程分析、信息和资料的收集、课程模块的设计、课程内容的确定、课程演练与试验、信息反馈与课程修订。具体如图 5-3 所示。

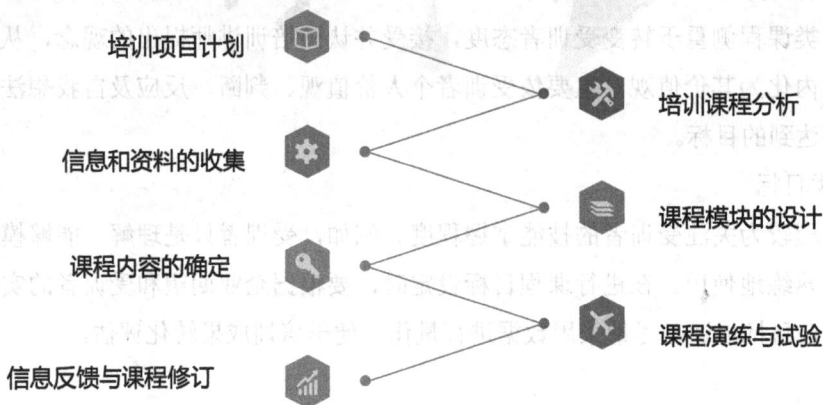

图 5-3　课程开发流程

1．制订培训项目计划

根据选定课程，提出课程开发立项申请，其中包括课程开发目的及可行性分析。待确认后，制订项目计划，其中包括企业培训计划、课程系列计划、培训课程计划三个层次。

(1) 企业培训计划，是指根据企业培训需求分析结果，对培训项目的目标、对象、内容、期限、注意事项、实施方法等主要工作事项所进行的统一安排。

(2) 课程系列计划，是指按照一定顺序组合起来的、目标一致的课程组合。比如某企业为了提升整体经济效益，根据管理职能的不同，设置了很多彼此关联却不同系列的面授课程，如生产管理课程系列、财务管理课程系列等。

(3) 培训课程计划，是课程系列计划的一部分，是指对某一课程的详细描述。它主要包括课程题目的暂定、培训范围的确定、培训教师的确定、受训者的确定、培训课题的界定、做课程开发费用的预算等。

2．培训课程分析

培训课程分析是培训项目的调查和研究阶段，其目的是明确受训者必须具备的一些知识和技能。培训课程分析主要包括课程目标分析和实施环境分析。

(1) 课程目标分析

- 受训者分析。受训者分析是指通过问卷调查法、现场观察法、访谈法等来了解培训前受训者的知识、技能和能力水平的过程，最后将分析结果汇总形成分析表。
- 任务分析。任务分析是指分析受训者所在岗位或者目标岗位对就职人员的知识、技能和能力水平的要求的过程，最后将分析结果汇总成表。
- 课程目标分析。课程目标是指在培训课程结束时，受训者在学习课程后，所能达到的知识、技能和能力水平。

(2) 实施环境分析

培训的实施环境会影响到课程内容的设计和教学方法的选择。培训课程实施的环境分析是指对开展培训的环境与条件进行的分析。它主要包括 8 项内容，如表 5-2 所示。

表 5-2　培训的实施环境

实际环境分析	对培训地点和培训设施的分析
限制条件分析	分析培训课程进度安排、教学设施、培训成本、培训教师等课程要素的局限性，以使培训过程中所必需的资源能随时得到保证
引进与整合	对课程引进并整合到现有培训课程体系中的步骤、策略等进行说明
器材与媒体可用性	对课程开发、交付中所需的器材和媒体进行说明
先决条件	对受训者在参与培训前所必备的许可证、资格证书、工作经验等进行说明
报名条件	明确鼓励受训者报名的要求；明确阻碍受训者报名的要求
课程报名与结业程序	说明报名必须遵循的程序、规范和受训者完成培训课程的记录等
评估与证明	前者指评估学习方式；后者指证明培训绩效的方式

3. 信息和资料的收集

确定课程目标后，就要开始收集与课程内容有关的信息和资料，有两种收集的途径可供选择。

(1) 向受训者、客户和有关专家咨询意见

通过采访、答疑等方式向相关参与培训的人、客户、相关专家进行咨询，不仅可以收集到很多有价值的意见或者建议，还能激发他们对培训的兴趣，提高参与度，从而有助于培训目标的实现。

(2) 借鉴其他培训课程

在开发培训课程之前，可以先了解一下企业内部或者外部是否有已开发的课程能提供

借鉴。

4. 课程模块的设计

培训课程涉及很多方面，因此可将其划分为不同的模块分别设计，具体的课程设计主要包括课程内容设计、课程教材设计、教学活动设计、课程评估设计等。在设计的过程中要特别注意，课程设计中的模块必须保持相互之间的联系，绝不可以脱离"整体"而单独对其中一个模块进行设计。

5. 课程内容的确定

在确定课程内容的过程中，需要遵循一定的原则和相关要求，具体如表 5-3 所示。

表 5-3　课程内容的确定

	遵循的原则	要　求
选择课程内容	根据培训内容，确定课程内容、难度、时间的组合方式； 使受训者充分掌握生产技术和技能； 适应多元化的受训者背景，选择不同难度的课程内容进行课程水平的多元性组合； 满足受训者时间方面的要求，开发不同时间跨度的课程组合	缺少什么培训什么，需要什么培训什么
编排课程内容	设计课程内容要从简单到复杂、由易到难； 先让受训者接触熟悉的内容，待其理解力适应后，再接触陌生的内容； 采用本企业已有的较为合理的编排模式	前提是先明确区分哪些内容是受训者必须知道的信息，哪些内容适合实践，哪些内容需要详细解释，哪些内容需要提前介绍等

6. 课程演练与试验

为了确保培训的效果，在培训课程设计完成后，有时还需要按照设计对培训活动进行全面的演练和试验。在演练和试验中既包括培训内容、活动和教学方法，还包括培训的后勤保障等方面的工作。因此，演练和试验也被视为对前一段工作的检验。

在演练和试验过程中，可以邀请企业领导、员工代表、有关专家等作为听众。在演练结束后，通过问卷调查、采访等方法向听众收集意见或者建议，如表 5-4 所示。

表 5-4　课程演练与试验反馈调查表

序号	问 题	评 分				
		1分	2分	3分	4分	5分
1	本课程对于训练……(工作现场操作能力、团队精神等)的价值大吗					
2	您对本课程的组织满意吗					
3	您认为课程目标明确吗					
4	您认为课程资料符合您的实际情况吗					
5	您认为课程中的案例研究、举例、练习题等确实有效吗					
6	您认为受训者的课程教材在培训期间用途大吗					
7	您认为培训教师在课程内容方面的知识水平高吗					
8	您认为培训教师与受训者在培训中的互动效果好吗					
……						

根据课程演练与试验，对下列问题进行满意度打分：5 分代表"非常符合"，4 分代表"符合"，3 分代表"一般"，2 分代表"不符合"，1 分代表"非常不符合"，请用"√"勾出你的评分

7. 信息反馈与课程修订

培训部相关负责人在课程演练与试验结束后，甚至在培训项目开展后，要及时检查课程目标，根据受训者、企业领导及相关专家的反馈意见对课程进行修订。通常一年修订一次，或者根据组织要求和培训对象变化等情况适时对课程进行修订，以适应形势所需。

课程修订包括对课程内容的修订、对课程培训风格的修订等。

(1) 对课程内容的修订

在修订课程内容时，或者需要对其中一段课程内容进行修订，或者需要对整个培训课程进行重新设计，但是课程内容要根据存在的问题进行调整，而不能因未被认同的意见对课程轻易修改。

(2) 对课程培训风格的修订

培训讲师的个人培训风格和授课习惯往往会对培训效果产生直接影响，培训讲师有的"风趣幽默、声情并茂"，有的"掌控全场，充满激情"，有的则"循循善诱，深入浅出"，还有的"逻辑严谨，丝丝入扣"……而反馈的信息显示培训风格与实际培训需求相悖时，培训讲师应当及时调整培训风格。

5.2.5　培训课程开发的注意事项

在培训课程开发的过程中，课程开发人员应当明确培训课程的目的，并确定课程培训的目标、范围、对象和内容等。

培训课程开发具体的注意事项有以下几点。

(1) 课程开发人员应了解和熟悉企业的独特文化、组织结构、企业在行业内的竞争状况、培训背景等情况。

(2) 课程目标应当与企业的战略目标、部门的发展方向等保持一致。

(3) 课程内容应具备核心的理论框架，它与培训活动的编排应切实保证课程的相关性及有效性。

(4) 要根据主客观条件的变化，认真听取企业领导、专家及受训者的意见或建议，及时对课程进行修订、完善。

(5) 培训课程开发应将切实地满足企业内部员工职业发展的需求作为目标之一。

5.3　员工培训外包

5.3.1　培训外包概述

人力资源培训外包，是指将制订培训计划、办理报到注册、提供后勤支持、设计课程内容、选择讲师、确定时间表、进行设施管理、进行课程评价等核心职能外包出去的一种培训方式。它能使培训与开发活动以更低的费用、更完善的管理、更经济的成本效益进行，并且责任更加清晰。

外包(Outsourcing)这一概念是由格雷·哈默(Gray Hamel)和 C. K. 帕哈拉哈德(C. K. Prahalad)于 1990 年首先提出的。外包的核心理念是"做自己做得最好的，其余的让别人去做"。

培训外包作为人力资源管理外包的一种，分为完全外包与部分外包。完全外包是指企业将整个培训业务(包括培训外包、制订培训计划、设计课程内容、确定培训时间、提供后勤支持、设施管理、选择讲师以及课程评价等)全部交给企业外的培训机构。部分外包只是将部分培训任务交给培训机构去做。

随着企业自主培训的不断发展和推进，越来越多的不足也逐渐暴露出来，具体如表 5-5 所示。

表 5-5 企业自主培训的不足

自主培训的不足	具体表现
成本过高	参加公开课针对性不强，成本过高；企业内训项目又相对单一，难以形成体系，与企业的需求严重不符
能力有限	企业内部培训师能力有限，培训单一；离职后培训体系难以保存
风险较大	由于培训品种繁多复杂，讲师队伍庞大，新的概念层出不穷，人力资源管理人员很难在短时间完成对课程质量的筛选，而且风险较大
工作开展阻力大	由于培训对象的个人学历、工作背景不同，主观理解不同，培训是众口难调吃力不讨好的工作
与实际脱节	没有长期合作的机构，无法真正了解企业的实际情况，做到针对性培训，起不到效果。如果同时与若干培训公司发生联系，难以让每个培训公司都理解公司的真正需求且还将会出现老师课程名称不同但内容重复交叉的现象，导致企业时间和成本的浪费

5.3.2 培训外包的分类

基于不同的培训需求，外包一般分为主题式培训外包和年度式培训外包。

1. 主题式培训外包

主题式培训是指按照企业需求，围绕培训的目的，紧密结合企业的实际情况，为企业度身定制个性化的培训解决方案。主题式培训外包可以通过组织和调度各类培训资源，为企业提供更具有针对性、实效性的管理培训服务，从专业的角度对企业进行有针对性的课题规划并协助推动实施，指导企业化解矛盾、规避风险、提升绩效、解决问题，满足企业需要。

具体来说，主题可根据企业实际情况确定，如：基础管理年、成本管理月、质量管理月、文化管理年；也可根据企业存在的主要瓶颈问题进行专题设计突破，如：现场管理改善、服务水平提升、领导团队建设、销售能力提升、员工满意度提升、执行力塑造提升、主管技能提升等。

2．年度式培训外包

年度式培训是根据培训需求分析，结合客户战略目标及人力资源战略，拟订培训战略规划，并拟订经济有效的年度培训计划。作为专业的企业管理咨询机构，将以其专业知识和集团采购的优势，协助客户以低成本组织实施其内部师资无法完成的培训课程，保证培训计划的达成。

5.3.3　培训外包的流程

通常，企业实施人力资源培训外包应当包括以下实施流程。

1．进行组织培训需求分析，做出培训外包决定

在做培训外包决定之前，应当首先完成组织的培训需求分析。然后考察一下培训外包的成本，之后再决定是否需要由内部进行培训。

2．合理选择培训工作外包

外包决策应根据现有工作人员的能力以及特定培训计划的成本而定。例如，公司如果正处在急速发展期且急需培训员工时，可以适当考虑外包某些或全部培训活动；当公司处于精简状态时，可以将整个培训职能外包出去，或更明智的决定是只将培训职能的部分工作(如培训)外包出去。

3．起草项目培训计划书

在做出外包培训决策之后，应当给服务商起草一份项目计划书。此项目计划书中应具体说明所需培训的类型水平、将参加培训的员工，并提出一些有关技能培训的特殊问题。项目计划书起草应征求多方意见，争取切合企业培训的要求。

4．选择适合的服务商并寄送项目培训计划书

起草完项目培训计划书后，就要寻找适合的外包服务商并签订合同。一旦将公司人力资源开发(培训)的职责委托给公司外部的合作伙伴，就意味着要对其专业能力、文化兼容性及表达技巧有一定程度的信心。外包活动双方的这种高度匹配能确保质量，也能确保有效对接、顺畅沟通、合理成本以及最终成功。

5．考核并选定培训服务商

在与培训服务商签订有关培训外包合同之前，可以通过专业组织或从事外包培训活动的专业人员来了解、考察该服务商的证明材料。在对可选择的全部对象都做过评议之后，再选定一家适合自己的服务商。

6．外包合同的签订

与培训服务商签订合同是整个外包程序中最重要的一个环节。在签订合同之前，应先让自己的律师审查该合同，并请专业会计或财务人员审查该合同以确定财务问题以及收费结构；且合同中必须注明赔偿条款，如培训效果不佳或不符合企业的时间要求等的具体赔偿。签订合同时也最好让企业里一名最善于谈判的成员一起去谈判，以确保公司的利益。

7．及时有效地与外包培训服务商进行沟通

计算机软件培训是最经常被外包出去的培训活动，公司必须让员工了解培训情况并为他们提供这个重要领域的及时而有效的培训，因此进行有效而及时的沟通就成了保证外包活动成功的关键。沟通应当是即时的和持续不断的，应当收集并分析员工对每项外包培训计划质量的反馈。

8．监督并控制培训质量

在培训活动外包之后，还要定期对服务费、成本以及培训计划的质量等项目进行跟踪监控，以确保培训计划的效果。这需要建立一种监控各种外包培训活动质量和时间进度的机制。

5.3.4　培训外包机构的选择及评价标准

企业在选择培训外包机构时，要重点考虑以下因素。

(1) 培训教材。检查培训机构教材的资料来源、版权以及相匹配的语言水平，检查教材的内容是否符合培训项目所针对的知识和技能。

(2) 培训师。了解负责授课的培训师的个人资料、专业背景、工作经历和培训授课经验，尤其是培训师的专业资质。

(3) 培训时间表。培训机构必须制定详细的课程时间表，包括课程准备、培训材料撰写、培训课程的时间安排及课后总结的时间。

(4) 硬件设施。考虑培训地点及场地，了解包括食宿、交通、教室、教学设备等在内的一切可能影响培训效果的因素。

(5) 培训费用。明确培训价格及支付方式等。

(6) 相关经验。了解培训机构的课程种类及水平，比如曾有多少受训者参加过培训，培训的课程优势是什么，课程会对本组织的员工产生多大的积极影响。

那么，对于市场上众多的培训机构而言，其评价标准是什么呢？一般来说，具体有以下标准供参考。

(1) 有充沛的业界资源和较高的专业水平。

(2) 具有较长时间的业界培训经验。

(3) 专注于本行业的咨询或者培训。

(4) 培训机构的规模较大并且人员稳定。

(5) 具有完善的培训设施和授课设备。

(6) 培训机构必须能够提供相关的授课资料。

(7) 培训机构有一套运作此类培训的过程控制体系。

(8) 培训机构有调研、授课、辅导等一系列的人员保证。

(9) 能够根据公司实际需要设计相应的课程。

(10) 在培训结束后提供科学的评估和跟踪服务。

(11) 在曾经服务过的企业中具有较好的口碑。

(12) 培训机构的收费标准在预算范围内。

为了减少和避免外包风险，企业可以要求外包机构提供信用证明，以保证该服务机构在财务上的稳定，从而避免出现培训服务机构濒临破产，企业蒙受损失的情况。

5.3.5 培训外包的战略及优势

企业培训外包战略的实施，是基于企业实际需要选择培训外包机构，为企业量身打造适合企业的培训课程，并根据企业发展的各阶段特点，设计企业发展中整体解决方案的过程。

企业有效地运用培训外包策略，既可以有效防止组织无限膨胀，还可以实现精简、专注专业的目标。具体而言，企业实施培训外包战略有下列优势。

(1) 提高投资回报率。企业利用外包机构系统性的培训技术管控培训成本，节省开支，改善培训效率，提高投资回报率。

(2) 提高培训满意度。培训外包机构可以针对员工培训需求实施各种培训计划，同时为企业内部岗位轮换和继任者计划提供支持。这样一来，将大大提升员工对培训的满意度。

(3) 增强培训的灵活性。培训外包机构可以根据企业要求，在培训需求发生变化时灵活调整培训课程。

(4) 留住优秀人才。借助培训外包机构来制订培训计划，设计培训解决方案，将使培训计划与战略业务目标保持一致，也有助于培养和留住优秀的人才。

(5) 节约时间和资源。借力培训外包机构，企业将完善其内部的人力资源管理技能和资源，聚焦吸引、雇用、留住最优秀的人才，从而改善企业的整体人力资源水平。

(6) 让管理层关注核心业务的发展。人力资源培训工作的外包，让培训外包机构以专业的知识完成一系列烦琐的培训管理及实施流程，可以使企业管理层专注于其最擅长的领域，开发最核心的业务。

5.3.6　培训外包的风险控制

培训外包，即企业把全部或部分培训工作以委托或者代理的形式交给企业外部的专业机构来完成。在市场激烈竞争的压力下，它有利于企业减少培训成本、增强培训的专业性，同时集中企业的内部资源以专注于战略性业务及核心业务，争取竞争优势。然而，将企业的培训业务外包也面临着一些风险，如何在培训外包时规避可能出现的风险，是企业管理者需要思考的一个问题。

1. 培训外包的风险

(1) 环境的风险

近年来，培训市场需求旺盛，行业起点低、运营成本较低、利润高等特点驱使一些资质不足的机构进入市场，而这些机构为了生存和发展，往往以非常规的手段获取业务，自然培训效果也很难让人满意。另外，相关法律法规还处于不健全阶段，因此造成了培训外包市场环境复杂的局面。

(2) 外包培训机构的风险

选择合适的外包培训机构是培训活动能否取得成功的关键性因素，企业对此往往需要花费大量的时间和精力进行比较分析。同时，在这个行业内存在的信息不对称以及企业对外包业务的理解、掌控能力有限，企业很难对外包培训机构的背景、资质准确了解。再加上国内培训外包市场不成熟等原因，往往容易产生逆向选择风险和道德风险，甚至出现"劣商驱逐良商"的现象。

(3) 企业本身的风险

企业本身的风险包括以下几点。

① 不确定性。培训外包的效果取决于培训的完成情况，而对培训外包的评估往往需要较长的时间才能得到验证。因此，一般来说，大部分企业对于培训外包的效果是不能完全确定的。这种不确定性限制了企业利用合同来保证外包商提供的服务质量的能力，有可能会影响到培训的效果。

② 依赖性。企业一旦将整个或者部分培训职能外包，当再重新转换到内部培训时就可能会遇到一些困难，比如可能需要重新设计培训流程、重新招聘内部培训师，等等。

③ 容易造成雷同或者被模仿。倘若培训外包涉及与企业核心能力有关的培训，将可能使企业陷入被竞争对手模仿的风险中，甚至造成商业秘密的泄露，影响企业的核心竞争力。

④ 疏于管理控制。培训外包的模式，使得企业无法对外包出去的培训内容进行如内部一样的管控，再加上培训过程中可能出现的问题，一旦处理不当则会影响到培训的效果。

2. 培训外包的风险管控

管控培训外包的风险可从以下几方面着手。

(1) 取得培训活动控制权

培训外包一般要求供应商的培训内容、方式、方法等符合企业的需求，因此企业可以通过一种客观的、明确的方式向培训供应商提出自己的构想，并把要求的培训业绩目标列入之前签订的合同，同时在实施过程中加强与员工、供应商的沟通互动。

(2) 规避目标与文化的冲突

通过提供培训服务来获取利润是培训供应商的经营目标，而企业的培训目标则是提高员工技能、发展业务能力，两者在实际运作中可能会发生冲突，使得双方合作难以顺利进行，对内部员工的士气造成不良影响。因此，培训外包并不意味着放弃企业的这一责任，而是应该不断地监控和评价培训供应商的工作进度和业绩，以达到预期的目的。

(3) 减少对供应商的潜在依赖性

如果单纯希望通过外包短时间内获得员工技能素质的提高，而企业自身却没有对其进行吸收与应用，就可能会导致企业产生对培训供应商的依赖性。这往往需要企业与培训外包供应商共同合作，共同完成培训目标，积极积累经验，从而不断提高培训的效率。

综上所述，应在做好培训需求分析的同时，正确选择适合企业的培训方式，采取完善外包计划、选择合适培训供应商、及时与供应商沟通等方面的策略，规避培训外包风险，增强培训效果。

5.4　培训师的甄选

5.4.1　培训师选配的基本标准

培训师的选择直接影响到培训项目的成功与否。培训部的相关负责人应当根据培训项目的要求选择既有专业知识，又有丰富教学实践经验的培训师。而企业在选择培训师时应当具有明确的标准，以保证培训效果。

1．热衷教学

与一般的教学活动相比，培训活动的灵活性、协助性更强，这就要求培训师是发自内心地希望受训者通过培训获得进步，并愿意为此提供全身心的帮助。这是一个优秀的培训师所应具备的首要素质。

2．实践经验丰富

培训师应当拥有足够的实践经验，能够将理论知识和管理实践全面地融合起来，从而帮助企业真正解决实际问题。

3．独立课程开发能力

培训师必须具备独立的课程开发能力，可以根据企业的实际需要和受训者的实际工作能力，开发并完善其培训课程，使所传授的知识和技能保持实用性、先进性。

4．优秀的授课能力

培训师应具有出色的表达和演绎能力，良好的问题解答和辅导能力，以及耐心、宽容、无偏见的性格，能够最大限度地吸引受训者的注意力。

5．出色的前瞻力

培训意味着方法、行动，自我剖析、洞察力、预测性意识和自我意识总是在行动中发生。

6．拥有业界良好的口碑

对接受过培训师培训的企业进行调查，了解授课讲师所授课的实用性、培训效果等，只有得到客户认可的培训师才能成为选择的对象。

除了上面的几个条件，企业在选择培训师时还要考虑讲师整体的素质，包括业务能力、为人做事、工作态度、职业礼仪，等等。虽然企业的培训师和学校的老师不同，他们和培训对象之间不是师生关系，但依然要在受训者面前起到"为人师表"的作用，为受训者树立学习的榜样。

5.4.2　培训师选配的主要来源

培训师主要有两个主要来源，即外部聘请和企业内部开发。

1．外部聘请

外聘培训师一般多从大中专院校、顾问公司聘请，或者通过网络寻找并联系培训师。具体的优缺点如图5-4所示。

2．企业内部开发

企业内部选拔培训师主要有以下途径。

(1) 公司高层领导：须支持内部讲师团队的建设及活动和授课。

(2) 所有部门经理(公司中层干部)：每年必须参与授课，积极培养下属。

(3) 各级管理干部：各级管理干部皆担负培养员工的责任，是内部兼职讲师的主要承担者。

(4) 业务骨干或技术骨干：各职能部门的业务骨干、生产技术部门的技术骨干是员工业务培训的主要讲师来源。

(5) 一线优秀技工(或操作工)：操作技能达到公司规定及要求。

选择范围大，可获取高质量的培训教师资源

引入全新的理念

优点 — 对受训者有较大的吸引力

提升培训的档次，有助于引起企业各方面的重视

易于营造培训氛围，增强培训效果

外聘培训讲师

企业与外聘专家之间缺乏了解，有培训风险

外聘教师对企业及受训者缺乏了解，容易降低培训适用性

缺点 — 会出现教师因实际工作经验不足，导致"纸上谈兵"的现象

外聘培训教师的成本较高

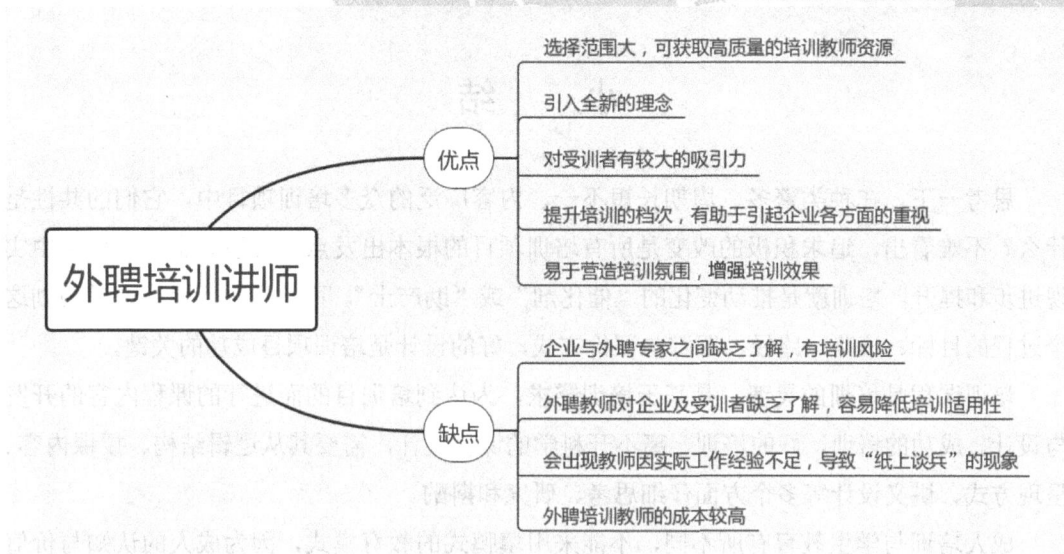

图 5-4 外聘培训师的优缺点

当然，并非所有符合选拔条件的员工都可以做内部讲师，企业还需要对符合条件的员工统一进行相应的训练，经过培训并且试讲过关，才能被授予讲师资格证书。讲师资格证书是公司对员工的一种认可和肯定，可以调动讲师授课的积极性和参与培训的热情。

企业内部开发培训师的优缺点具体如图 5-5 所示。

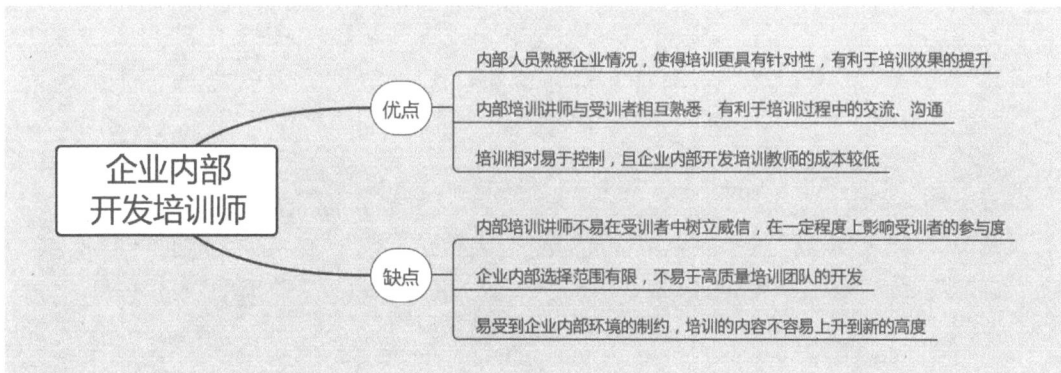

内部人员熟悉企业情况，使得培训更具有针对性，有利于培训效果的提升

优点 — 内部培训讲师与受训者相互熟悉，有利于培训过程中的交流、沟通

培训相对易于控制，且企业内部开发培训教师的成本较低

企业内部开发培训师

内部培训讲师不易在受训者中树立威信，在一定程度上影响受训者的参与度

缺点 — 企业内部选择范围有限，不易于高质量培训团队的开发

易受到企业内部环境的制约，培训的内容不容易上升到新的高度

图 5-5 企业内部开发培训师的优缺点

可见，培训部的负责人应当结合企业自身的实际情况，结合企业外部聘请和内部开发培训师的优缺点，确定适当的外部和内部培训师的比例，做到外部和内部协调合作，相互学习和促进，共同完成企业的培训任务。

小　结

　　思考一下，在种类繁多、周期长短不一、内容广泛的众多培训项目中，它们的共性是什么？不难看出，追求积极的改变是所有培训项目的根本出发点。要想让企业在变化中实现进步和提升，培训就是推动变化的"催化剂"或"助产士"。而培训项目设计就是规划这个过程的目标、策略、路径、跟踪与评价方式，好的设计是培训项目成功的关键。

　　培训课程是培训的灵魂，是基于培训需求，为达到培训目的而进行的课程内容的开发与设计。成功的培训，好的培训，离不开科学的课程设计，需要其从逻辑结构、授课内容、呈现方式、讲义设计等多个方面仔细思考、研究和斟酌。

　　成人培训与学生教育有所不同，不能采用填鸭式的教育模式，因为成人的认知与价值观相对完整，需要多元化的教学设计才能够提升其对于新知识、新内容的吸收效果，从而实现培训目标。培训课程设计的需求主要源自于两个方面：一方面来源于公司战略，从公司发展需要出发寻找目前企业的人员能力差距或不足，进行有针对性的课程设计；另一方面来源于一线工作人员，从其工作的共性问题、困惑、效率提升点之中深挖需求并开发培训课程，帮助其改善和提升工作效率，促进员工成长以支持公司发展。

第6章 培训方法

【案例】

IBM 的培训

IBM(国际商用机器公司)一直在计算机这个发展最迅速、经营最活跃的行业里稳居世界销量之最，被誉为是世界上经营最好、管理最成功的公司之一。

IBM 公司追求卓越，特别是在人才培训、造就销售人才方面取得了成功的经验。

IBM 公司的销售人员和系统工程师要接受为期 12 个月的初步培训，主要采用现场实习和课堂讲授相结合的教学方法，其中 75%的时间是在各地分公司中度过的，20%的时间在公司的教育中心学习。分公司负责培训工作的中层干部将检查该公司学员的教学大纲，这个大纲包括学员的素养、价值观念、信念原则到整个生产过程的基本知识等方面的内容。学员们会与市场营销人员一起访问用户，从实际工作中得到体会。此外，新学员会在分公司的会议上，在经验丰富的市场营销代表面前，进行他们的第一次成果演习，尽管有些批评会比较尖锐，但学员们会因此更加努力地完成演习，并赢得同事们的尊重。在现场实习后，学员们还要进行一段时间的理论学习。

IBM 公司市场营销培训的一个基本组成部分是模拟销售角色。在公司第一年的所有培训课程中，每天都要与这个问题打交道，并始终强调要保证演习或介绍的客观性，包括为什么要到某处推销和希望达到的目的。同时，学员们要对产品的特点、性能以及可能带来的效益进行清楚的说明和演习。

该公司模拟销售角色的方法是：学员们在课堂上扮演销售角色，教员扮演用户角色，向学员提出各种问题，以检查他们接受问题的能力。这种方法接近于一种测验，可以对每位学员的优点和缺点进行评判。

(资料来源: https://max.book118.com/html/2017/0417/100784246.shtm)

思考:

1. IBM 公司采取了什么培训方法?

2. 这些培训方法对 IBM 公司产生了什么样的积极影响?

6.1 培训方法的种类

6.1.1 直接传授型培训法

直接传授型培训法可以分为课堂讲授法、专题讲授法和讨论法。

1. 课堂讲授法

课堂讲授法是指培训讲师以口头语言和文字书写的方式将学习信息与文化科学知识系统连贯地向培训对象讲授的方法。这种方法在以语言传递为主的培训方法中得到广泛应用，培训中很多方法在实际运用中都要与其相结合。

课堂讲授法不仅经济，而且效率很高。其覆盖的培训信息系统、全面，可以同时面向多人进行讲授，更方便掌握学习的进度。但课堂讲授法也存在一些不足，如很难满足培训对象的个性化需求；培训讲师个人的专业水平会影响学习的效果；这种单向交流的方式决定了培训对象的被动性；信息量大，培训对象不容易吸收、消化。

课堂讲授法的授课方式主要有讲述、讲解、讲读及讲演，如图6-1所示。

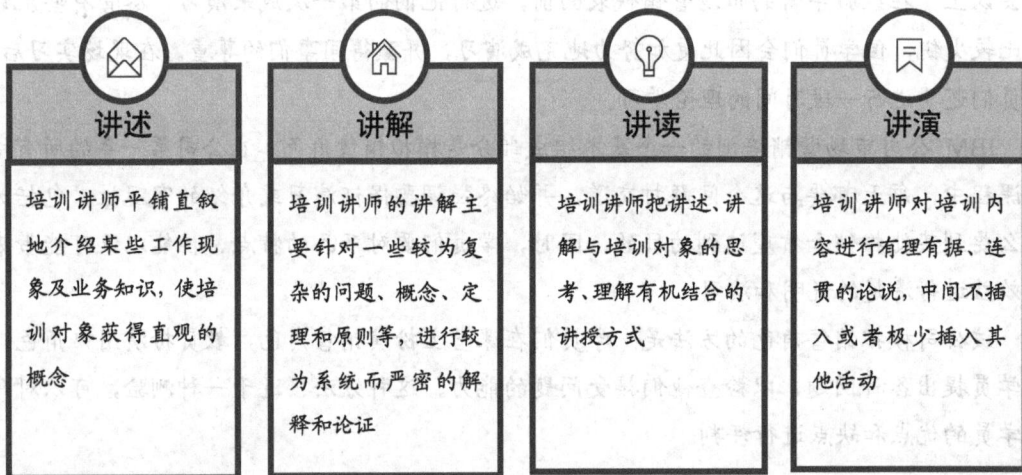

讲述	讲解	讲读	讲演
培训讲师平铺直叙地介绍某些工作现象及业务知识，使培训对象获得直观的概念	培训讲师的讲解主要针对一些较为复杂的问题、概念、定理和原则等，进行较为系统而严密的解释和论证	培训讲师把讲述、讲解与培训对象的思考、理解有机结合的讲授方式	培训讲师对培训内容进行有理有据、连贯的论说，中间不插入或者极少插入其他活动

图6-1 课堂讲授法的方式

2. 专题讲授法

在培训形式上，专题讲授法与课堂讲授法基本相同。但在具体内容上，两者存在差异。

课堂讲授法的内容以系统的知识为主，每节课一个专题，接连多次授课；而专题讲授法的内容则只针对某一个具体的专题知识，一般仅安排一次培训。因此，专题讲授法适用于管理人员或者技术人员了解专业技术发展方向或者当前热点问题等。

专题讲授法的优势在于其形式灵活，时间成本低，而且由于其讲授内容集中于某一专题，可以随时满足员工在特定方面的培训需求，也易于受训者加深理解。然而，专题讲授法传授的知识相对集中，系统性略显不足。

3．讨论法

讨论法是培训师将培训对象聚集在一起，以团队的形式对工作中的问题进行讨论，并提出解决办法的一种培训方法。

讨论法可以充分调动培训对象思考的积极性和主动性，使其在讨论的过程中得到锻炼和提升，同时培养与人合作的态度及对学习的重视。

讨论法可以分为以下几类。

(1) 以培训师为中心的讨论法。该方法自始至终由培训师主导，培训师提出问题，引导培训对象思考回答。全程由培训师负责活跃气氛，引导讨论逐步深入。

(2) 以培训对象为中心的讨论法。这种方法采用分组讨论的形式，先由培训师提出问题或者布置任务，培训对象独立思考解决方法。培训师也可以不规定研讨的任务，培训对象就事先规定好的议题进行自由讨论，彼此启发。

(3) 以任务为导向的讨论法。这种方法侧重于实现某种目标，该目标是事先确定的，即通过讨论弄明白某一个或者几个问题，或者得出某个结论。

(4) 以过程为导向的讨论法。这种形式的讨论关注讨论的过程，强调在讨论过程中培训对象之间的相互影响和启发，相互之间的信息交流，从而增进理解，加强沟通。

讨论法能充分调动培训对象思考的积极性和主动性，使其在讨论的过程中得到锻炼和提高，培养与人沟通、合作的态度和对学习的尊重及重视。然而讨论法对培训师和受训者的个体要求都很高，倘若培训师和受训者对培训主题与内容不够熟悉，就容易出现讨论偏题、离题的问题，直接影响到培训的效果。

6.1.2　参与式培训法

参与式培训法是每个参训人员都要参与交流及分享的培训方式。这种方式决定了培训的参与者都能参与其中，因此参与者在学习过程中可以自然大胆地阐述自己的见解、经验，提出问题，极大地提高了参训人员的自信心和参与意识。

参与式方法可以应用到管理决策全过程的每一个环节。从确定个人和组织内不同人群的需求、能力和职责，到制订规划，日常的监督检查、协调管理，以及应急处理，定期评价总结等，应用参与式培训的方法，可以使每个人都能够发挥主观能动性和创造性，大大提高管理的科学性与灵活性，并使目标管理真正成为可能。

参与式培训法形式多样，有自学、案例教学法、沙盘模拟培训法、敏感性训练法和管理人员训练法等。

1. 自学法

作为适用范围最广泛的一种培训方式，自学既适用于正式上岗前的观念、思维、心态的培训，也适用于正式上岗后的知识和技能的培训。

自学这种培训方法可以使培训对象充分发挥自身的主动性和积极性，但不可避免有一些不足，如表 6-1 所示。

表 6-1　自学的优点和缺点

自学的优点	自学的缺点
费用低，自学仅需要为自学者创造一定的学习条件，如购买书籍；	学习内容有限，自学的模式缺乏交流和指点，知识面的范围受限；
由于自学时间一般都在工作之余进行，因此不会影响本职工作；	由于自学者每个人的自学能力和主动性不同，导致自学者间学习效果参差不齐；
自主性强，自学者可自行安排学习内容、学习时间和学习进度，学习计划弹性高；	自学时遇到的疑难问题不能得到及时正确的解答；
针对性强，自学者可以根据自身实际情况安排学习内容，突出重点，主次分明；	自学是个人自主学习，倘若自学者对所学的内容缺乏兴趣，很容易感到枯燥乏味，甚至厌学
锻炼自学者的自主学习能力	

2. 案例教学法

案例教学法源自美国哈佛大学的工商管理硕士教学。它是针对某个特定的问题，向参与者展示真实性背景，提供大量背景材料，由参与者依据背景材料来分析问题，提出解决问题的方法，从而培养参与者分析、解决实际问题的能力。

在实际操作中，培训师需要提前对培训对象进行深入了解，确定培训目标，针对培训目标编写案例或者选用现成的案例，这些案例一般取自实际工作中的背景材料，且没有标准答案。案例一般以书面、投影或者短视频的形式展示给培训对象。

(1) 案例教学法的适用范围

案例教学法适用于开发培训对象的分析、综合及评估等高级智力、技能。案例教学法主要适用于企业管理人员，特别是中层管理人员，目的是锻炼和提升他们的决策能力，指导他们如何妥善处理各类突发事件。

(2) 案例教学法的特点

① 鼓励培训对象独立思考。与讲授法等培训方法不同，案例教学法鼓励培训对象独立思考、发表见解，找出问题的解决办法，从而提高受训者的兴趣。

② 注重培养受训者的能力，帮助受训者提高解决实际问题的能力。

③ 案例教学法的培训方法更加生动具体、直观易学。

然而，案例教学法对案例的选择要求较高，因此培训师需要花费时间和精力做准备。此外，培训师个人的专业水平也会影响到案例选择及调动受训者参与讨论的程度。

(3) 案例教学法的应用步骤

案例教学法的具体应用步骤如表 6-2 所示。

表 6-2　案例教学法的应用步骤

序号	步　骤	内　容
1	确定培训案例	培训师及其他人员在培训前根据培训内容和目的设计并选择合适的案例
2	培训对象准备	培训对象根据下发的案例材料，进行相关资料、信息的查阅和收集，为案例讨论做准备
3	划分小组进行讨论	培训师根据培训对象的年龄、学历、职位等因素将受训者分为若干个小组，小组成员要多样化
4	分组讨论	各小组选派代表陈述案例分析内容及提出解决办法，陈述完毕后接受其他小组成员的提问并做出回答
5	思考和总结	小组讨论结束后，培训讲师分配一定的时间让培训对象思考和总结

3. 沙盘模拟培训法

沙盘模拟训练是近年来新兴的一种体验式培训方法。沙盘模拟训练源自西方军事上的战争沙盘模拟推演，它通过沙盘模拟，把涉及企业结构与管理的诸多内容完全展示在沙盘的盘面上，使培训对象亲身参与模拟企业的成长与发展历程，在与其他模拟企业的激烈市场竞争和不断完善改进中，完成培训与学习。

在培训的过程中，培训师根据需要，对培训对象进行必要的引导，适时启发培训对象思考，当培训对象陷入经营困境时提出建议，并对培训中的核心问题进行解析。培训对象通过对模拟企业管理成功与失败的反思和总结中，感受企业运营的规律，感悟经营管理的真谛。

沙盘模拟训练充分发挥了其特有的互动性、趣味性、竞争性强的特点，最大限度地调动培训对象的学习兴趣，充分运用听、说、学、做、改等一系列学习手段，将学到的管理思路和方法在实际工作中进行实践与运用。

具体来说，沙盘模拟培训可按照以下步骤进行操作。

(1) 组建模拟公司

首先，受训者将以小组为单位建立模拟公司，注册公司名称，参与模拟竞争。小组可以根据每个成员的不同特点进行职能的分工，分担不同的公司角色，并确立企业愿景和目标。

(2) 经营环境分析

沙盘培训课程为模拟企业预先设置了外部经营环境、内部运营参数和市场竞争规则。模拟企业对环境进行分析的目的就是要发现环境中蕴藏着的有利机会和主要威胁。

(3) 召开经营会议

当受训者对模拟企业所处的经济环境和所在行业特性基本了解之后，各公司总经理组织召开经营会议，本着长期利润最大化的原则，制定、调整企业大战略框架。

(4) 制定竞争策略

各公司根据市场预测和市场调研，依据公司战略安排，做出本期经营决策和各项经营计划，如融资计划、生产计划、投资计划、采购计划、市场开发计划。

(5) 年度财务结算

一期经营结束之后，受训者自己动手填报财务报表，盘点经营业绩，进行财务分析，通过数字化管理，提高经营管理的科学性和准确性，理解经营结果和经营行为的逻辑关系。

(6) 汇报经营业绩

各公司在盘点经营业绩之后，围绕经营结果召开期末总结会议，由各公司总经理进行工作述职，认真反思本期各个经营环节的管理工作和策略安排，以及团队协作和计划执行的情况；总结经验，吸取教训，改进管理，提高培训对象对市场竞争的把握和对企业系统运营的认识。

(7) 培训师分析点评

在汇总各公司期末经营业绩之后，培训师对各公司经营中的成败因素进行深入剖析，提出指导性的改进意见，并针对本期存在的共性问题，进行高屋建瓴的案例分析与讲解，使以往存在的管理误区得以暴露，管理理念得到梳理与更新，提高了洞察市场、理性决策的能力。

4．敏感性训练法

敏感性训练法又称为 T 小组法，简称 ST(Sensitivity Training)法。敏感性训练要求培训对象在小组中就参加者的个人感情、态度及行为进行坦率、公正的讨论，相互交流对各自行为的看法，并说明引起的情绪反应。

敏感性训练法的目的是要提高培训对象对自己行为和他人行为的洞察力，了解自己在他人心目中的"形象"，感受与周围人群的相互关系和作用，学习与他人的沟通方式，发展和提高在各种情况下的应变能力，在群体活动中采取建设性的行为。敏感性训练法的适用对象如图 6-2 所示。

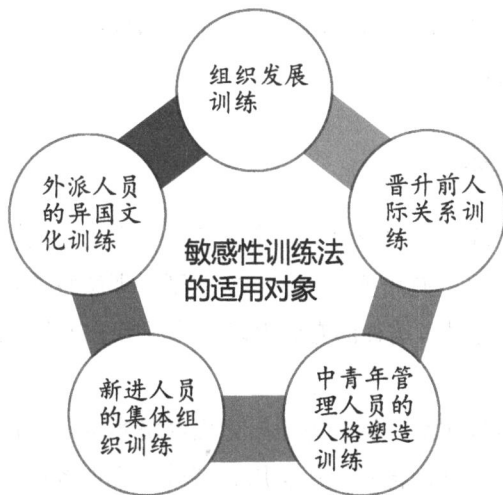

图 6-2　敏感性训练法的适用对象

敏感性训练法常采用集体住宿训练、小组讨论、个别交流等活动方式，内容可包括问题讨论、案例研究等。讨论中，每个受训者充分暴露自己的态度和行为，并从小组成员那里获得对自己行为的真实反馈，接受以他人的方式给自己提的意见，同时了解自己的行为如何影响他人，从而改善自己的态度和行为。

实践证明，T 小组训练法是一个能有效改善人际关系的方法，通过训练，受训者形成了更大的内部控制倾向以及增加了对他人的信任感等。

5. 管理人员训练法

管理人员训练法(Management Training Program，MTP)是产业界最普及的管理人员训练计划，它的目的是以最大范围的综合研究方式，学习基本管理知识，进而提高管理人员的管理能力。

管理人员训练法适用于培训中低层管理人员掌握管理的基本原理、知识，提升管理能力。其具体实施要领有以下几点。

(1) 加强管理原则与工作现场实际状况的联系与沟通。

(2) 改善对培训对象咨询的态度。

(3) 消化理论知识。

(4) 讲课内容应简洁。

(5) 提高教学效率，刺激培训对象兴奋程度。

采用这种方法时要注意指导教师的选择，通常选用外聘专家或者由企业内部曾接受该法培训过的高级管理人员担任。

6.1.3　实践型培训法

实践型培训法简称实践法，它通过让培训对象在实际工作岗位或真实的工作环境中，进行亲身操作、体验，进而掌握知识、技能。实践型培训法将培训内容和实际工作直接结合，具有很强的实用性，是员工培训的有效手段。其适用于从事具体岗位所应具备的能力、技能和管理实务类培训。

实践型培训法的优势很明显，这种方法一方面经济实用，受训者边干边学，一般无须特别准备教室及其他培训设施；再者该法实用、有效，受训者通过实干来学习，使培训的内容与受训者将要从事的工作紧密结合，而且受训者在实践的过程中，能迅速得到关于他们行为的反馈和评价。

实践型培训法的常用方式包括工作教练法、工作轮换法、特别任务法及个别指导法。

1. 工作教练法

工作教练法又称指导法、实习法，是指由一位有经验的工人或直接主管人员在工作岗位上对受训者进行培训的方法。指导教练的任务是教受训者如何做，提出如何做好的建议，并对受训者进行激励。

工作指导法的应用较为广泛，既可用于基层生产工人培训，如让受训者通过观察教练工作和实际操作，掌握机械操作的技能；也适用于各级管理人员培训，让受训者与现任管理人员一起工作，后者负责对受训者进行指导，一旦现任管理人员因退休、提升、调动等原因离开岗位，训练有素的受训者便可承接其工作。

虽然工作教练法并不要求必须有详细、完整的教学计划，但还需要注意以下要点：一是关键工作环节的要求；二是做好工作的原则和技巧；三是须避免、防止的问题和错误。

2. 工作轮换法

工作轮换法是指让受训者在预定时期内变换工作岗位，使其获得不同岗位的工作经验的培训方法。受训者实际参与所在部门的工作，或仅仅作为观察者，以便了解所在部门的业务，拓宽其对整个企业各环节工作的了解。如今，有很多企业选择这种方法来培养新入职的年轻管理人员和企业储备管理干部。

工作轮换法的优缺点如表 6-3 所示。

表 6-3　工作轮换法的优缺点

优　点	缺　点
丰富受训者的工作经验，加深对企业工作的了解；使受训者了解自身优势和不足，明确自身定位；改善部门间的合作，使管理者更好地相互理解；挖掘受训者的其他工作潜力，使其成为多面手	人力资源培训工作轮换法鼓励"通才化"，适合一般直线管理人员的培训，不适用于职能管理人员

工作轮换法通常有以下类型。

(1) 新员工巡回轮换。企业通过工作轮换可以更清楚地了解新员工的适应性，以便确定他们的正式工作岗位。

(2) 培养"多面手"员工轮换。企业通过工作轮换有意识地安排员工做不同的工作，有助于开发其工作潜力，使其掌握更多的技能，以适应复杂多变的经营环境。

(3) 培养经营者轮换。企业让经营管理骨干在不同部门间横向移动，可使其对企业业务工作有更全面的了解，从而提升其分析判断全局性问题的能力，以满足企业长远发展的需要。

3．特别任务法

特别任务法是指企业根据培训需要，通过为某些员工分派特别任务对其进行培训的方法。此法常用于管理培训，其具体形式如下。

(1) 委员会或初级董事会。这是为有潜力的中层管理人员提供的，培养其分析全公司范围问题的能力，提高决策能力的培训方法。一般"初级董事会"由 10～12 名受训者组成，受训者来自各个部门，他们针对高层次的管理问题，如组织结构、经营管理人员的报酬、部门间的冲突等提出建议，并将这些建议提交给正式的董事会，通过这种方法为这些管理人员提供分析公司高层次问题的机会。

(2) 行动学习。这是一种让受训者将全部时间用于分析、解决其他部门而非本部门问题的一种课题研究法。4～5 名受训者组成一个小组，定期开会，就研究进展和结果进行讨论。这种方法为受训者提供了解决实际问题的真实经验，有助于提高他们分析、解决问题，以及制订计划的能力。

4．个别指导法

个别指导法是指有针对性地对培训对象进行一对一的培训，主要是通过资历较深的员工的指导，使新员工能够迅速掌握岗位技能。

个别指导法的优缺点具体如表 6-4 所示。

表 6-4　个别指导法的优点和缺点

优　点	缺　点
新员工在师傅指导下开始工作，可以避免盲目摸索；有利于新员工消除紧张感，快速融入团队中；可以消除刚从高校毕业的受训者开始工作时的紧张感；有利于企业传统优良工作作风的传递；新员工可从指导人处获取丰富的经验	为防止新员工对自己构成威胁，指导者可能会有意保留自己的经验、技术，从而使指导浮于形式；指导者本身水平对新员工的学习效果有极大影响；指导者不良的工作习惯会影响新员工；不利于新员工的工作创新

6.1.4　态度型培训法

态度型培训法主要针对行为调整和心理训练，具体包括角色扮演法和拓展训练法两种类型。

1. 角色扮演法

角色扮演法是指让培训对象扮演某个与工作相关的角色，以感受所扮角色的心态和行为，并帮助自我发展和提高行为技能的一种培训方法。其原理在于情景和问题的设置使培训对象扮演实际工作中的角色，并运用培训对象已有的经验与技能进行表演，一部分培训对象充当观众，表演结束后，扮演者、观察者等共同对整个情况进行讨论。

角色扮演法的精髓在于"以动作和行为作为练习的内容来开发设想"。此方法要想达到理想的培训和测评效果，就必须进行严格的情景模拟设计，同时，保证角色扮演全过程的有效控制，随时纠正可能产生的问题。

角色扮演法的优点和缺点如表 6-5 所示。

表 6-5 角色扮演法的优点和缺点

优　点	缺　点
受训者参与性强，受训者与讲师之间的互动交流充分，可以提高受训者培训的积极性	场景是人为设计的,如果设计者没有精湛的设计能力，设计出来的场景可能会过于简单，使受训者得不到真正的角色锻炼、能力提高的机会
角色扮演中特定的模拟环境和主题有利于增强培训效果	实际工作环境复杂多变，而模拟环境却是静态的，不变的
在角色扮演过程中，受训者之间需要进行交流、沟通与配合，因此可增加彼此之间的感情交流，培养他们的沟通、自我表达、相互认知等社会交往能力	扮演中的问题分析限于个人，不具有普遍性
在角色扮演过程中，受训者可以互相学习，及时认识到自身存在的问题并进行改正，明白本身的不足，使各方面能力得到提高	个别受训者由于自身原因，参与意识不强，角色表现漫不经心，影响培训效果
提高受训者业务能力，同时加强了其反应能力和心理素质	
高度灵活性。实施者可以根据培训的需要改变受训者的角色，调整培训内容，同时，角色扮演对培训时间没有任何特定的限制，视要求而决定培训时间的长短	

角色扮演法常见的类型主要有 7 种，具体如表 6-6 所示。

表6-6　角色扮演法7种类型

类 型	具体内容
单练法	由一人担当两个角色，自演自评
一对一法	从一对一的演练中发现和探索问题
小组法	三人以上为一组进行演练
观察法	重点在于深入观察。如五人为一组，则两人演练，三人作为观察者进行反馈
单人表演法	选择一人进行演练，其余人观察研究
分组演练法	将全体人员分成若干小组进行演练，从中选取表演者和观察者
交换法	演练人员与观察人员之间相互交换角色

可见，角色扮演法是一种难度较高的培训和测评方法。

2. 拓展训练法

拓展训练是指通过模拟探险活动进行的情景式心理训练、人格训练、管理训练。它以外化型体能训练为主，培训对象被置于各种艰难的情境中，在面对挑战、克服困难和解决问题的过程中，使其心理素质和管理能力等得到改善和提升。

作为一种体验式培训，拓展训练有很多种形式，如场地训练、野外训练、水上训练、空中训练等，常用的形式主要是场地拓展训练和野外拓展训练。

(1) 场地拓展训练

场地拓展训练是指需要利用人工设施(固定基地)的训练活动，如破冰、信任背摔、电网等，也包括高空断桥、空中单杠、缅甸桥等高空项目以及泅渡、合力过河等水上项目。

场地拓展的特点如下。

① 有限的空间，无限的可能。如训练场地的几根绳索，却是能否生存的关键；几块木板，成了架设通往成功的桥梁。

② 有形的游戏，锻炼的是无形的思维。在培训师的引导下，利用简单的道具，整个团队进入模拟真实的训练状态，团队和个人的优点得以凸显，问题也会得以暴露。受训者在反复的交流回顾中有所收获。

③ 简便，容易实施。场地拓展训练可以在会议厅里进行，也可以在室外的操场上进行，因此它既可以作为一次单独的完整团队培训项目来开展，又能很好地和会议、酒会、其他培训相结合。

场地拓展训练是一种既稳妥又新鲜的培训方法，可以促进团队内部和谐、提高沟通的效率、提升员工的积极性，对形成从形式到内涵真正为大家认同的企业文化起着明显的作用，也能作为企业正统培训的补充，为企业未来建立真正的学习型组织打下坚实的基础。

(2) 野外拓展训练

野外拓展训练是指在自然地域，通过模拟探险活动进行的情景体验式心理训练。它起源于第二次世界大战中的海员学校，意思是一只小船离开安全的港湾，勇敢地开始探险的旅程，去接受一个个挑战，战胜一个个困难。它旨在训练海员的意志和生存能力，后被应用于管理训练和心理训练等领域，用于提高人的自信心，培养把握机遇、抵御风险、积极进取和团队精神等素质，以提高个体或组织的环境适应与发展能力。

野外拓展训练通过野外探险活动中的情景设置，使培训对象体验所经历的各种情绪，从而了解自身(或团队)面临某一外界刺激时的心理反应及其后果，以实现增强其心理素质和提升其能力的培训目标。

野外拓展训练包括远足、登山、攀岩和漂流等项目。这些活动使培训对象可以了解自身与同伴的力量、局限和潜力。

通过拓展训练，可以使受训者在以下方面有显著的提高：认识自身潜能，增强自信心，改善自身形象；克服心理惰性，磨炼战胜困难的毅力；启发想象力与创造力，提高解决问题的能力；认识群体的作用，增进对集体的参与意识与责任心；改善人际关系，学会关心他人，更为融洽地与群体合作。

6.2　培训方法的解析

6.2.1　培训方法与培训目标

培训方法是为了有效地实现培训目标而选择的手段和方法。培训目标是企业所期望的在经过培训后，培训对象应当在哪些方面取得进步和发展的标准。不同的培训目标决定了培训方法的差异。因此，企业应当紧密结合培训目标来挑选培训方法。

为了更好地实现培训目标，就需要结合相应的培训方法。表 6-7 是不同培训方法在达成培训目标上的效果比较。

表 6-7　不同培训方法达成培训目标的效果比较

方法 ＼ 目标	让受训者获得知识	让受训者改变态度	提高受训者解决问题的能力	提高受训者处理人际关系的能力	提高受训者的接受能力	让受训者记忆一些知识
课堂讲授法	效果良好	效果差	效果一般	效果差	效果差	效果很好
小组讨论法	效果很好	效果良好	效果一般	效果一般	效果一般	效果良好
工作轮换法	效果良好	效果一般	效果很好	效果良好	效果良好	效果一般
特别任务法	效果一般	效果一般	效果很好	效果良好	效果一般	效果一般
案例教学法	效果一般	效果一般	效果很好	效果一般	效果很好	效果一般
角色扮演法	效果良好	效果良好	效果良好	效果很好	效果良好	效果一般

6.2.2　培训方法的适用性

不同的培训方法，适用领域也不同。因此，企业培训必须明确不同培训方法的适用范围。

1. 根据课程内容选择培训方法

根据课程内容的培训包括知识培训、技能培训和态度培训几种类型，具体介绍如下。

(1) 知识培训涉及理论和原理、概念和术语、产品和服务介绍、规章制度介绍等，可以帮助受训者对实际学习理论的掌握并扩大其知识面。

(2) 技能培训涉及生产与服务的实际工作和操作能力。这类培训要求学员自己动手实践并能够及时发现不正确或不规范的做法，以便及时更正。

(3) 态度培训涉及观念和意识的改变，以及言行和心态的改变。

各培训内容的具体培训方法介绍如表 6-8 所示。

表 6-8　根据课程内容选择培训方法

培训内容类型	培训方法
知识	讲授互动、小组讨论、视听法、辩论、演示法、参观法
技能	模拟演练、角色扮演、视听法、测评培训法
态度	拓展训练、教练技术、角色扮演、角色反串、游戏、小组讨论

2. 根据培训对象选择培训方法

根据培训对象的成熟度，即学习的意愿和学习能力，可以做如图 6-3 所示的划分。

图 6-3　根据培训对象的成熟度划分区域

从图 6-3 中可以看到，第一区的受训者学习意愿和学习能力都很高；第四区的受训者学习意愿和学习能力都比较低；第二区的受训者表现出有学习能力，但学习意愿却不高；第三区的受训者则有学习意愿，但学习能力较低。据此，要针对培训对象出现的成熟度差异选择相应的培训方法，具体如表 6-9 所示。

表 6-9　培训对象的成熟度与培训方法

成熟度	培训对象行为特点	培训方法
双高区	自信心强，自主、自控能力强，喜欢比较宽松的管理方式和更多的自由发挥空间	小组讨论、案例分析等
双低区	缺乏能力又不愿承担责任，需要具体明确的教导和指导	讲授互动、提问法等
高低区	有学习能力但缺乏学习意愿，要加强沟通，调动学习积极性	案例分析、角色扮演等
低高区	缺乏学习能力应提供支持和帮助，一方面要选择合适的培训方法，另一方面要帮助其掌握学习方法	讲授互动、模拟演练等

选择培训方法除了要考虑培训对象的成熟度以外，还应考虑他们的职位要求和所承担的具体职责，如表 6-10 所示。

3. 根据培训活动规模、时间、场地选择培训方法

(1) 50 人以上比较适合讲授法。如果采用小组讨论等培训方法，人数众多是不合适的。

(2) 培训时间短，可以选择讲授法、模拟演练法；培训时间长，可以进行实习、小组讨

论、案例分析、角色扮演、游戏法等。

(3) 培训场地大，可多用互动性的方法，如角色扮演、游戏法等；场地小，则采用讲授互动、小组讨论法等。

表6-10　培训对象的具体工作与培训方法

职位层次	工作性质	培训方法
基层人员	负责工作的具体操作，其工作性质要求其接受的培训内容具体且实用性强	讲授互动、模拟演练
基层管理者	负责基层管理工作，其工作性质要求其接受如何与基层工作人员和上层管理者进行有效沟通的培训	讲授互动、案例分析、角色扮演
高层管理者	负责组织的计划、控制、决策和领导工作，其工作性质要求其进行接受新观念和新理念、制定战略和应对环境变化等培训	了解行业最新动态的讲授法和激发新思想的研讨法，以及激发创新思维的拓展培训法

4. 根据培训目的选择培训方法

不同的培训目的有不同的培训方法，如表6-11所示。

表6-11　培训目的与培训方法

培训目的	培训方法
基本理论知识培训	课堂讲授法、专题讲座法、项目指导法
提高解决问题能力	特别任务法、案例教学法、沙盘模拟培训法
提高创造性能力	头脑风暴法、形象训练法
提高工作技能	工作轮换法、工作教练法、个别指导法
与态度、价值观以及陶冶人格情操教育相适应	角色扮演法、拓展训练法
出于自我提升需求	自学

6.2.3　培训方法的效果评估

对培训方法的效果进行评估，可以遵循以下评价标准。

(1) 培训方法的选择是否具有针对性，即是否满足特定工作任务的要求。

(2) 培训方法与培训目的、课程目标是否相适应。

(3) 培训方法是否与培训对象的群体特征相适应。分析培训对象的群体特征，可使用培训对象构成、工作可离度及工作压力三个参数。

① 培训对象构成分析。其分析内容主要是明确培训对象的职务特征、技术心理成熟度和个性特征。

② 工作可离度分析。倘若受训者工作可离度低，进行集中培训会影响其业务的开展，则此类受训者较适合自学，而内部网络也为此提供了硬件支持。当受训者工作可离度高时，企业可以根据其他条件对培训方式进行选择。现行企业对销售员工的分散培训这一因素的关注越来越多。

③ 工作压力分析。当企业中员工的压力较大、内部竞争激烈时，即使企业不组织正式培训，员工也会因压力而选择自主学习。当企业中员工压力较小、控制力较弱时，企业便有必要组织正式的培训。

6.3　E-Learning 培训法

6.3.1　E-Learning 概述

E-Learning 的英文全称为 Electronic Learning，中文译作"电子化学习""网络化学习""数字(化)学习"等。不同的译法也代表了不同的观点：电子化学习强调通过电子化手段来学习；网络化学习强调基于因特网的学习；数字化学习则强调在 E-Learning 中要把数字化内容与网络资源结合起来。可见，这三种译法都强调电子技术在学习培训中的应用，强调用技术来对教育的实施过程发挥引导作用和进行改造。

在网络学习环境中，E-Learning 这种方式汇集了大量数据、档案资料、程序、教学软件、兴趣讨论组、新闻组等学习资源，从而形成了一个高度综合集成的资源库。

E-Learning 中的"E"有多种含义，具体如表 6-12 所示。

表 6-12　E-Learning 中"E"的多种含义

"E"的全称	"E"的含义	具体内容
Exploration	探索式学习	强调学习者自由探索的精神。学习者成为 E-Learning 环境下的主动学习者，他们可以利用 E-Learning 资源进行情境探究学习、自主发现性学习，也可以利用信息化工具，通过解决具体的问题，进行创新性、实践性的问题解决型学习

"E"的全称	"E"的含义	具体内容
Engaged	沉浸式学习	强调培训对象在真实的环境中建构知识和学习知识的能力,并接受挑战,促进学习形态从被动型变为投入型,改善学习效果
Experience	体验式学习	强调通过深度的学习体验提高学习者的学习效果,学习者可以与计算机仿真学习环境互动,深度体验和感悟学习内容
Excitement	激情式学习	强调培训对象要全身心地参与到学习中去才能产生有效的学习效果,基本理念是在 E-Learning 环境中根据学习者自己的特点组建协作团队,并使之基于一定的任务进行有意义的学习,激发学习热情,使学习效率达到最高
Empowerment	授权式学习	强调 E-Learning 能快速扩展培训对象的学习能力。培训对象通过不同的媒体、不同的方式进行学习,反思自己的知识建构。根据学习反馈,开拓不断深入学习的机会、与专家交流的机会、与其他学习者分享知识和发展能力的机会,以及平等地参与讨论和协作中的机会
Effective	有效式学习	强调转换培训理念,精心设计培训模式,采用多种培训形式和培训环节,将课程讲授、测试、协同学习、模拟学习等各种培训方法整合在一起,调整评价方法,加强 E-Learning 培训管理,从而提升培训效果
Enterprise	企业级学习	强调 E-Learning 是一种企业级别的学习,既不局限在信息部门,也不局限在培训部门
Easy	便利式学习	强调学习是方便容易的。强调 E-Learning 的易用性是企业在建设和推广时首先需要考虑的因素

6.3.2　E-Learning 的发展历程

1. 国外 E-Learning 的发展

E-Learning 最早兴起在美国,自从 1999 年在美国加州的 Online Learning 大会上第一次提出这个概念以来,电子化学习的应用在全球范围内一直保持了很高的增长速度。如今在美国,92%的大型企业已经或开始采用在线学习,其中 90%的企业已经将 E-Learning 作为企业实施培训的主要辅助工具。随着 E-Learning 的发展,越来越多的国家对 E-Learning 的投入有所增高,其中企业和政府是投入最大的两个区块。

具体而言,国外 E-Learning 主要经历了四个阶段:起步阶段、扩展阶段、整合阶段和按需学习。

(1) 起步阶段

国外大多数公司的 E-Learning 是始于 IT 培训，采用的内容资源是现成的产品目录，仅仅从单一的项目和主题来购买 E-Learning 课程，并作为试验推广。这一阶段的问题主要体现在经费不足、基础设施和内容资源的选取是否合适，以及受训人员的适应能力。

(2) 扩展阶段

E-Learning 扩展阶段是 E-Learning 发展最为重要的环节。这一阶段的 E-Learning 进入了混合学习阶段，以解决内容资源不足、平台集成、学习效率等问题。

(3) 整合阶段

在经历了前两个阶段后，E-Learning 出现了一个重要的转型，就是将培训和管理整合起来。E-Learning 开始将企业的业务流程、管理者和员工的日常生活整合到系统中，使整个企业在业务、人员管理方面取得了较大的进展。

(4) 按需学习

这一阶段的 E-Learning 融合了培训的课程驱动方式和网上绩效支持，不仅可以获取到大量的课程资料和参考资源进行学习，而且还可以针对常见问题进行解答。

2．国内 E-Learning 的发展

E-Learning 在中国经历了一个逐渐被接受的过程。1999 年，国内开始研究 E-Learning 在企业中的应用。2001 年，国外在线学习公司开始进入中国。

从 2002 年开始，国内很多大型的金融、通信公司开始采用在线学习方式。这种新的学习模式可以大幅度降低培训的成本，提高培训的效益，很快便在大中型企业中得到广泛应用，如中国移动、中国电信、太平洋保险、中国工商银行等企业。但由于发展阶段和需求的不同，国外的系统不可能在国内快速、大规模地推广和有效应用，于是，国内市场对开发有效的系统和内容的需求应运而生。

从 2004 年开始，E-Learning 以多种形式在中小企业得到应用。中国企业的人力资源部门逐渐认识到应用 E-Learning 所带来的优势，不仅可以节约经费、时间、人力，还可以使企业内部的知识获得快速更新，成为企业竞争力不可缺少的一部分。与此同时，市场上还出现了一些能提供优质服务和内容的供应商。

2007 年以来，随着大型企业持续不断地应用 E-Learning 和大量中小企业对 E-Learning 的了解和尝试，E-Learning 开始正式在中国得到普遍认可和发展。

21 世纪是信息化的时代，E-Learning 的兴起，给传统的培训教育方式带来了一场意义深远的变革，但它并不是对传统教育的否定，而是互相补充，随着网络技术的发展，E-Learning 应用将会对中国企业的发展起到重大的作用。

6.3.3　E-Learning 的技术标准

E-Learning 系统的推广应用涉及一些技术标准，这些技术标准使得不同的 E-Learning 平台和学习内容能够相互兼容、交互。目前业内关于 E-Learning 的技术标准，主要有 AICC 标准和 SCORM 标准。

1．AICC 标准

AICC(The Aviation Industry CBT Committee)，即航空工业计算机辅助培训委员会，它是一个国际性的培训技术专业性组织。AICC 为航空业建立基于计算机的培训系统相关的开发、发布和评估指南。

AICC 最重要的贡献就是定出了许多共通性的技术规范——AGRs(AICC Guidelines and Recommendations)系列规范。AICC 的规范覆盖了九个主要领域，主要围绕 CMI(Computer Managed Instruction)系统的互操作性提供了整体的规划，并逐步开始影响众多行业。

AICC 组织是一个有关培训技术的国际专家组织，该组织成立于 1988 年，在世界各地有若干分支机构。AICC 组织为航空工业建立了计算机辅助培训指南，用于计算机辅助培训及相关技术的建立、发布和评估。AICC 还发布了包括硬件和软件配置要求在内的很多指南，其中 AICC 计算机辅助培训管理指南 CMI 对 E-Learning 的发展影响巨大。

AICC 的主要工作有：

(1) 帮助航空工业建立指南，促进高性价比的计算机辅助培训内容的发展；

(2) 建立交互指南；

(3) 建立公开的论坛，谈论计算机辅助培训及相关技术。

2．SCORM 标准

SCORM(The Sharable Content Object Reference Model)，即可共享内容对象参考模型或者共享元件参照模式。它是美国国防部于 1997 年启动的一个称为"高级分布式学习"(Advanced Distributed Learning，ADL)的研究项目制定的一份规范。

SCORM 定义了一个网络化学习的"内容聚合模型"(Content Aggregation Model)和学习对象的"运行环境"(Run-time Environment)。简单地说，它就是为了满足对网络化学习内容的高水平要求而设计的，其目的是使课程可以从一个平台迁移到另一个平台，创建可供不同课程共享的可重用构件，以及快速又准确地寻找课程素材。

SCORM 按 SCORM 1.0、SCORM 1.1、SCORM 1.2 到 SCORM 2004 标准演进。具体来说，SCORM 具有以下四个特点。

(1) 可重复使用性。一份培训教材可以不经修改或者稍加修改，便能在不同场合重复使用，还可以将其任意合并于其他系统或者其他培训内容。

(2) 容易获取。学习者可以在这个标准的平台，很方便地通过互联网或者局域网存取培训教材，不受时间及空间的限制，在本地或者远程读取课程的信息或者内容，进而达到学习的目的。

(3) 培训教材的耐用性。培训教材不会因为科技进步或者标准变动而无法使用。

(4) 培训教材之间的互通性。在 SCORM 标准下，教材设计时都遵循一个共同的标准，其所设计的教材可以通过不同的平台进行呈现，也能用不同的工具重新编辑。

6.3.4　E-Learning 体系的内容

企业 E-Learning 体系是企业培训和员工学习的重要保证，它包括 E-Learning 技术体系、E-Learning 内容体系和 E-Learning 运营体系三个部分。

1．E-Learning 技术体系

E-Learning 技术体系是指企业 E-Learning 系统所涉及的软硬件系统，主要包括 E-Learning 平台系统和硬件环境系统。E-Learning 技术体系建设是建设企业 E-Learning 体系的第一步，也是企业 E-Learning 得以实施的技术保证。

E-Learning 平台系统由学习管理系统、知识管理系统、在线考试系统及虚拟教室系统组成，如图 6-4 所示。

2．E-Learning 内容体系

内容体系建设指的是企业 E-Learning 系统的规划与建设，即课件库、媒体素材库、题库、案例库和网络课程等学习资源的规划与建设。

学习管理系统
也称在线学习系统,通常包括以下功能:管理教育培训流程,计划教育培训项目,管理资源、用户和学习内容,跟踪用户注册课程和学习过程数据管理,支持 SCORM、AICC 等课件标准

知识管理系统
这是一套对知识管理活动的各个过程进行管理的软件系统。它通过建立技术和组织体系,对组织内外部的个人、团队进行以知识为核心的一系列管理活动,包括对知识的定义、获取、储存、学习和创新等

E-Learning 平台系统的组成

在线考试系统
也称考试管理平台,是用来进行在线考试管理的一套软件系统。它利用计算机及相关网络技术,实现智能出题、智能组卷、智能考务、智能阅卷和智能统计等,优化考试管理

虚拟教室系统
以建构主义理论为基础,基于互联网的同步教育模式,可以实现实时视频点播教学、教学监控、多媒体备课与授课、多媒体个别化交互式网络学习、同步辅导与测试、疑难解析、远距离教学等功能

图 6-4   E-Learning 平台系统的组成

根据学习方式的不同,可以将内容体系划分为两类。

(1) 正式学习内容的规划与创建。此部分内容可称之为课程体系的创建,主要包括课程体系目录结构的创建和课程资料来源方式的确定等。企业课程体系目录结构的创建形式灵活多变,但无论采用何种形式,都是为了便于管理,方便受训者选择和学习。

(2) 非正式学习内容的规划与创建。一般正式的学习内容仅能满足员工 20%的知识和技能的需求,剩下的 80%的内容则需要通过非正式学习方式获取。因此,企业应当关注非正式学习内容的建设和管理。非正式学习内容的实现方式和具体内容如表 6-13 所示。

表 6-13   非正式学习内容的实现方式及内容

实现方式	具体内容
行动学习	通过小组成员互助,解决实践中的问题或者完成某项任务
网络学习	通过在网络上查找信息、参加兴趣小组、写博客、参加社区讨论等获取帮助

3. E-Learning 运营体系

运营体系建设是指企业中负责 E-Learning 系统运营和管理的人员配备及组织机构建设。

运营和管理 E-Learning 的组织机构一般为企业的培训部门或者企业独立的网络学院、企业商学院等。

在 E-Learning 应用不断深化的背景下，企业中的各级业务部门也会逐步成为企业 E-Learning 应用的直接推动者和践行者，培训部门的职责也将演变为提供应用方法和支持服务，从培训职能向学习服务职能转变。

同时，企业在推进 E-Learning 培训体系建设时要注意以下几点。

(1) 分析企业自身的特点和对 E-Learning 培训的需求。

(2) 明确本企业 E-Learning 培训的定位，遵循长远规划、分步实施的原则。

(3) 具有客户意识，平台建设应充分考虑受训者学习的便捷性、针对性和互动性。

(4) 具有企业内部营销和推广意识，让企业员工认可和欢迎 E-Learning 培训。

(5) 具有营运意识，不断建立和完善各项学习和管理制度。

6.4 跨文化培训

6.4.1 跨文化培训概述

在经济全球化背景下，全球化人力资源管理的成败在很大程度上决定了企业的命运。而跨文化培训又是全球化人力资源管理中的核心问题。因此，对于现代企业来说，如何恰当地开展跨文化培训意义重大。

如今，跨国企业中人力资源的跨文化因素备受关注，企业的员工越来越多地出现多元化的背景，"如何管理多元化文化背景的员工队伍"逐渐成为企业管理者面临的一个严峻挑战。这就要求跨国企业建立一个全新的、更高标准的跨文化培训、外派甄选与员工激励政策。

因此，跨文化培训的目的是使员工了解各国不同的文化，学会尊重各自的文化，并理解差异的必然性和合理性，从而化解日常工作中由文化差异而引起的危机。

针对这种情况，各跨国公司在既有培训内容的基础上增加了一个新的科目，即跨文化培训。跨文化培训是指能够通过提供跨文化知识促使个人掌握跨文化技能，减少在东道国的误解与不当行为，从而形成有效的跨文化交际技能的培训。

跨文化培训在现代人力资源开发中发挥着愈发重要的作用，其意义主要体现在以下几个方面。

(1) 有利于加强人们对不同文化环境的反应和适应能力，促进不同文化背景人们之间的沟通和理解。

(2) 提高外派人员的跨文化心理管理能力、跨文化认知能力和跨文化人际交往能力，减轻其可能遇到的文化冲突，提高跨文化绩效。

(3) 将企业共同的文化传递给员工，形成企业强大的文化感召力和文化凝聚力。

(4) 由于世界上每一种文化都有自己的精华，来自不同文化背景的员工会用不同的视角来看待同一问题，进行跨文化培训可以促进不同文化背景的员工交流沟通，取长补短。

6.4.2 跨文化培训的内容与实施

1. 跨文化培训的内容

跨文化培训的主要内容是，对全球经济和世界文化的理解、合作的技巧等。

跨文化培训一般分为岗前培训和在职培训，而岗前培训的主要作用是使新员工具有一定的文化适应性。在新员工进入企业之后，可采用外派出国学习、国内跨文化团队训练、语言文化学校培训等方式，向他们传授跨国公司先进管理经验，培养他们主动的团队合作精神，向他们灌输以公司共同价值观为核心的企业文化。

以取得跨文化管理技能为目的的跨文化培训，一般采用在职培训和岗前培训相结合的办法，可以通过出国留学、国内文化熏陶等手段增进对异域文化的了解，然后通过跨文化团队建设的方式，训练在多元文化团队中实施管理的技巧。

2. 跨文化培训的实施

对外派员工实施跨文化培训是企业提高员工跨文化适应性的重要手段，需要把握三个要点。

(1) 跨文化培训是一个长期的系统循环工程，不能一蹴而就。要做好前期的培训规划，跨文化培训在外派预备前、启程前、到任后、归国前等外派管理的四个阶段都要开展。

(2) 以上四个阶段紧密相连，环环相扣。四个阶段培训的内容各有侧重，但要注意相互之间的衔接性和连贯性。

(3) 要做好培训需求分析即后期评估。需求分析是培训工作的起点，也是确定培训内容、选择培训方式的依据。每个阶段培训结束后，都要对实施效果进行客观评估，以便系统持续改进跨文化培训工作。

6.4.3 跨文化培训的影响因素

跨文化培训的影响因素主要有文化差异、个人属性、具体工作属性、组织战略和文化属性。

1. 文化差异

文化差异是母国与东道国社会层面之间的差异。母国与东道国之间的文化差异越大，文化冲突就越明显、越复杂。

管理学家霍夫斯坦德根据其对调查数据的分析，得出了以下描述各种文化差异的指标，如表 6-14 所示。

表 6-14　文化差异的指标

文化差异	具体内容	差异指标
权力距离	指在社会当中，权力的集中程度和领导的独裁程度，以及一个社会在多大的程度上可以接受组织当中这种权力分配的不平等	处于大权力距离中的人，对一系列等级制度会逆来顺受
		处于小权力距离中的人，为权力的平等化而竞争，并寻求权力不平等的缘由
不确定性规避程度	在社会中，人们对于不确定的、含糊的、前途未卜的情境等会感到是一种威胁，从而选择规避	在不确定规避程度低的社会中，人们普遍有一种安全感，维持一个宽容的氛围
		在不确定规避程度高的社会中，人们为维护信念与行为规范，普遍有一种高度的紧迫感和进取心
个人主义与集体主义	"个人主义"指一种松懈的社会结构	社会的个体重视自己的价值与需求，并倾向于依靠个人的努力来为自己谋取利益
	"集体主义"指一种严密的社会组织结构	社会中的个体会以"在群体内"和"在群体外"来区分，他们期望获得"群体内"的人群的照顾，同时也以对该群体保持绝对的忠诚作为回报
男性度与女性度	即社会上居于统治地位的价值标准	男性社会中，成就、金钱、英雄主义、自信专断等价值观在社会中居于统治地位
		女性社会中，注重相对的人际关系，对弱者的关切以及注重生活质量等价值观在社会生活中居于统治地位

2. 个人属性

外派人员的认知弹性、适应性、对模糊的忍受力、自我形象、文化敏感度等个人属性会对跨文化培训产生直接的影响。在进入跨文化培训前，组织必须对外派人员已经存在和显现的个人特征进行分析，使其与成功外派人员的个人特征进行对比，继而建立具体的跨文化培训体系，以使其做到有的放矢。

3. 具体工作属性

具体工作属性主要包括技术技能的层次、对总部和母国信息的需求、人际关系和管理活动的复杂性。组织需要对具体的外派工作进行分析，结合不同特征的工作属性要求，引入不同内容和层次的跨文化培训体系。

4. 组织战略和文化属性

(1) 组织战略

跨国公司处于不同跨国战略发展阶段时，其所需引入的跨文化培训的广度和深度有所侧重。根据跨国公司国际化水平，其发展主要有四种国际化战略形势：多国战略、国际战略、全球战略、跨国战略，如表6-15所示。

表6-15 跨国公司的组织战略

组织战略	具体内容	培训特点
多国战略	将自己国家研发出来的产品和技能转到国外市场，根据不同国家的不同市场,提供更能满足当地市场所需要的产品和服务	对外派人员及其家属进行不同国家文化、价值观等知识和技能培训
国际战略	将在母国研发出来的产品转移到国外市场来创造价值，其中,企业产品开发的职能留在母国,而在东道国建立制造和营销机构	从针对单一国家的具体培训开发延伸到对世界商业环境的全球性理解上
全球战略	向世界市场推广标准化的产品和服务,并选择较有利的东道国集中进行生产经营	
跨国战略	在全球激烈竞争的背景下,企业将出现跨越众多国家的多种多样的总部,并且母公司与子公司、子公司与子公司的关系是双向的,母公司可以向子公司提供产品和技术,子公司也可以向母公司提供产品和技术	要求培训个人处理多样化和复杂化环境的能力,培育个人平衡区域和全球视角的能力

(2) 文化属性

每个企业都有其自身组织文化特征，不同企业的文化特征都不尽相同，即便同一个企业，在不同的发展阶段，其文化特征也有所差别。不同类型的组织文化存在的不同特征，具体如图 6-5 所示。

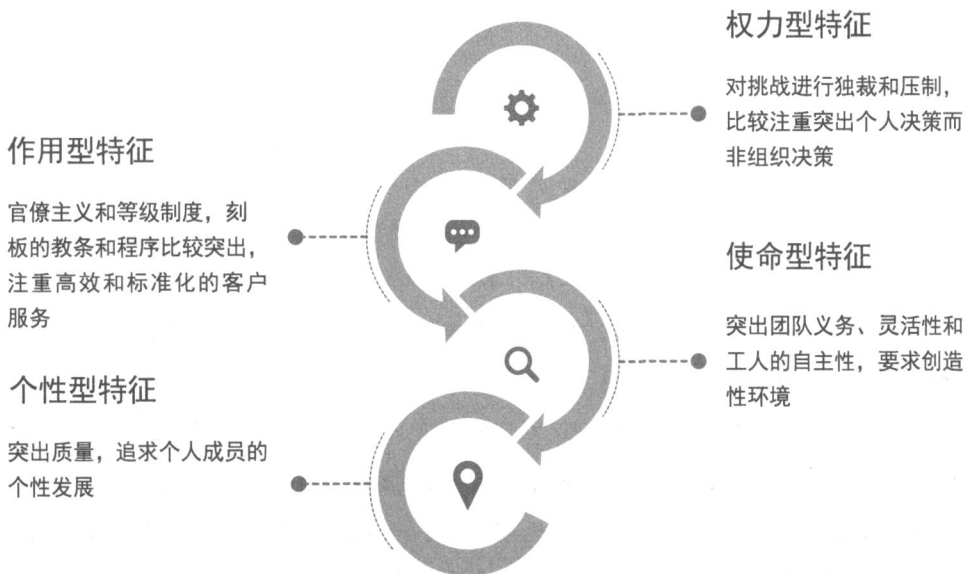

权力型特征

对挑战进行独裁和压制，比较注重突出个人决策而非组织决策

作用型特征

官僚主义和等级制度，刻板的教条和程序比较突出，注重高效和标准化的客户服务

使命型特征

突出团队义务、灵活性和工人的自主性，要求创造性环境

个性型特征

突出质量，追求个人成员的个性发展

图 6-5　不同类型的组织文化存在的不同特征

因此，企业在进行跨文化培训前，需要对母公司和东道国企业文化的特征进行全面的了解，分析两者的差异，从而形成培训的重点。

小　　结

企业培训的效果在很大程度上取决于培训方法的选择，当前，企业培训的方法有很多种，不同的培训方法具有不同的特点，其自身也各有优劣。要选择合适有效的培训方法，需要考虑培训的目的、培训的内容、培训对象的自身特点及企业具备的培训资源等因素。

而在实际应用中，企业选用何种培训方式与方法，需要结合培训目标、培训时间、所需经费、受训人员的特点以及相关科技的支持等因素进行选择。

第7章 培训效果评估

【案例】

失败的招聘

某公司总经理要求人力资源部在生产部门设立一个处理人事事务的职位，主要工作是进行生产部与人力资源部的协调，希望通过外部招聘的方式寻找人才。人力资源主管经过筛选后认为可从两人中做选择——小冯和小董。两人资料对比如下。

小冯，男，企业管理学士学位，33岁，有8年一般人事管理及生产经验，在此之前的两份工作均有良好的表现，可录用。

小董，男，企业管理学士学位，30岁，有7年人事管理和生产经验，以前曾在两个单位工作过，第一位主管评价很好，没有第二位主管的评价资料，可录用。

公司通知他们一周后等待通知。在此期间，小冯在静待佳音；而小董打过几次电话给人力资源部经理，第一次表示感谢，第二次表示非常想得到这份工作。最终人力资源主管决定录取小董。随后，主管向总经理汇报结果，总经理表示对他工作的信任。

但小董来到公司工作了几个月后，经观察发现，工作不如预期，指定的工作经常不能按时完成，有时甚至表现出不胜任其工作的行为。然而，小董也很委屈：来公司工作一段时间后发现，招聘所描述的公司环境和各方面情况与实际情况并不一样，原来谈好的薪酬待遇在进入公司后又有所减少。工作的性质和面试时所描述的也有所不同，且没有正规的工作说明书作为岗位工作的基础依据。

(资料来源：https://www.taodocs.com/p-288570364.html)

思考：
1. 你觉得造成这次招聘失败的原因是什么？
2. 如果换做是你，如何进行改进？

7.1　培训评估概述

7.1.1　培训评估的界定

作为培训管理流程中的一个重要的环节，培训评估是衡量企业培训效果的重要途径和手段。通过评估，企业管理者可以掌握受训人员是否通过培训收获了知识，培训后的工作能力是否得到了提升，其工作状态是否得到了改善等。同时，企业还可以依据当年培训的效果反馈，为下一年度的培训工作提供借鉴。

因此，培训评估(Training Evaluation)是一个运用科学的理论、方法和程序，从培训项目中收集数据，并将其与整个组织的需求和目标联系起来，以确定培训项目的价值和质量的过程。建立培训评估体系的目的，既是检验培训的最终效果，同时也是规范培训相关人员行为的重要途径。

7.1.2　培训评估的种类及作用

培训评估主要分为以下几类。

1．训前评估

训前评估的目的主要包括：保证培训需求的科学性；确保培训计划与实际需求的合理衔接；帮助实现培训资源的合理配置；保证培训效果测定的科学性。

2．训中评估

训中评估的目的有：保证培训活动按照计划进行；培训执行情况的反馈和培训计划的调整；过程检测和评估有助于科学解释培训的实际效果。

3．效果评估

效果评估有助于树立结果为本的意识，有效扭转目标错位的现象，是提高培训质量的有效途径。

7.1.3 培训评估的内容

培训评估的内容主要包括四个方面。

1．培训效果反应评价

主要通过学员的情绪、注意力、赞成或不满等对培训效果做出评价。效果反应的评估主要通过收集学员对培训内容、培训教师、教学方法、材料、设施、培训管理等的反应情况，进行综合评价。

2．学习效果评价

主要检查通过培训学员学到了什么知识，掌握知识的程度，培训内容方法是否合适、有效，培训是否达到了目标要求等。

3．行为影响效果评价

主要是衡量培训是否给受训者的行为带来了新的改变，如安全教育培训的目的是使受训者树立安全意识，改变不安全行为，提高安全技能。因此，评价培训的效果应看受训者在接受培训后其工作行为上发生了哪些良性的、可观察到的变化，这种变化越大，说明培训效果越好。

4．绩效影响效果评价

工作行为的改变将带来工作绩效的变化，例如，受训者安全意识和安全技能提高，以及不安全行为改变后，相应的工作绩效体现就是违章减少，安全事故降低，事故损失减少等。

7.2 如何进行培训效果评估

7.2.1 培训效果评估概述

员工培训是人力资源管理的重要内容，通过培训可以持续提升员工的知识、技能与工作态度，从而为企业战略的实施提供强有力的人才保障，为企业在市场竞争中赢得竞争优势。培训效果评估是培训的最后一个环节，科学的培训效果评估对于企业了解培训投资的收益、界定培训对企业的贡献有重要的作用。

具体而言，培训效果评估是在受训者完成培训任务后，对培训计划是否完成或达到效果进行的评价、衡量，内容包括对培训设计、培训内容以及培训效果的评价。通常采用对受训者反应、学习、行为、结果四类基本培训成果或效益的衡量来测定。

1. 培训效果评估的三个层次

培训效果评估包括培训需求评估、培训实施评估和培训收益评估三个层次，如表 7-1 所示。

表 7-1　培训效果评估的三个层次

	定 义	意 义
培训需求评估	为了检验培训需求调查的效果，而对人力资源部或培训部进行培训需求信息调查的全面性、及时性、合理性等方面进行的评估	影响对员工培训掌握必要的知识和技能；影响员工完成相关岗位工作并实现目标绩效；影响企业战略的实现
培训实施评估	主要通过对培训师资、课程组织和受训者满意度等方面进行分析，并评价培训计划是否执行落实	培训参与者将会影响培训实施的结果
培训收益评估	指评估受训者将培训所学的知识和技能应用于实际工作的难度，以及因应用带来的绩效改善	企业的绩效改善和收益提高是企业管理者判断培训项目价值的最终依据

2. 培训效果评估的分类

(1) 培训及时性信息。培训及时性信息是指培训的实施与需求在时间上是否相对应。

(2) 培训目的设定合理与否的信息。培训目的来源于培训需求分析。在设定培训目的时，是否真正全面、细致地对培训需求进行研究，也就是说培训目的的设定是否能真正满足培训需求。

(3) 培训内容设置方面的信息。培训的内容设置合理，就有可能达到培训目的，否则事倍功半。

(4) 教材选用与编辑方面的信息。

(5) 教师选定方面的信息。

(6) 培训时间选定方面的信息。

(7) 培训场地选定方面的信息。

(8) 受训群体选择方面的信息。

(9) 培训形式选择方面的信息。

(10) 培训组织与管理方面的信息。

3. 培训效果评估的内容

企业在开展培训时，往往会涉及多方面的内容，它们都会影响培训的效果，因此培训效果的评估也会关注多方面的内容。

培训效果的评估主要涉及受训者学习成果的评估，如图 7-1 所示。

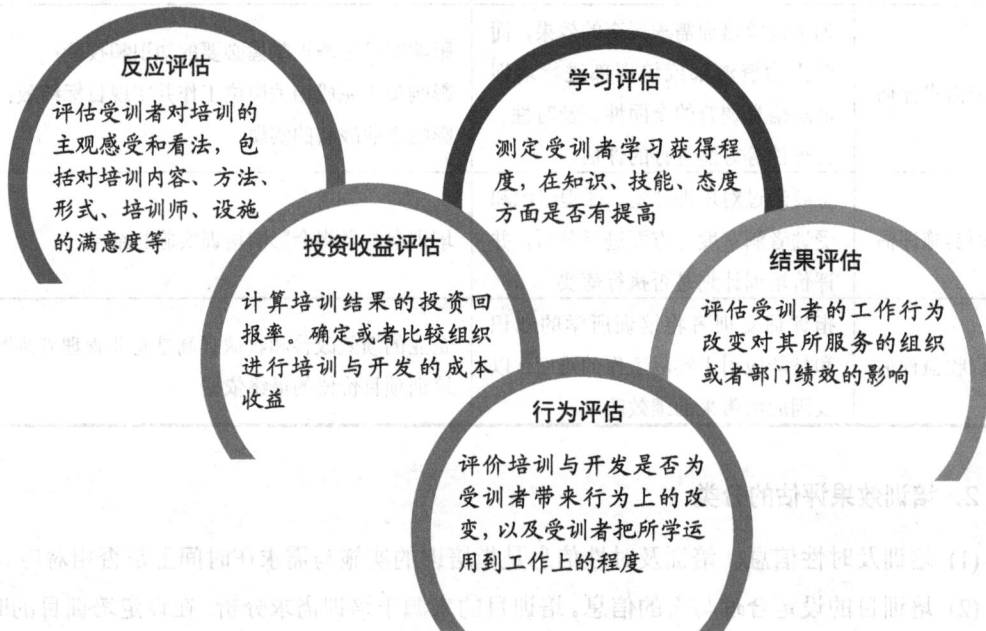

反应评估

评估受训者对培训的主观感受和看法，包括对培训内容、方法、形式、培训师、设施的满意度等

学习评估

测定受训者学习获得程度，在知识、技能、态度方面是否有提高

投资收益评估

计算培训结果的投资回报率。确定或者比较组织进行培训与开发的成本收益

结果评估

评估受训者的工作行为改变对其所服务的组织或者部门绩效的影响

行为评估

评价培训与开发是否为受训者带来行为上的改变，以及受训者把所学运用到工作上的程度

图 7-1　培训效果评估的内容

4. 培训效果评估的作用

培训效果评估的作用主要体现在三个方面，如图 7-2 所示。

有利于总结培训经验及教训

- 培训效果评估可以对培训方式、方法、内容等方面进行评估，从而得出培训过程中存在的不足及问题，汲取教训，为后续培训打下良好的基础

为培训决策提供数据支持

- 一方面，培训效果评估可以计算培训产生的收益和成本，从而计算培训项目的收益率，为培训项目总决策提供数据参考；另一方面，通过细分收益和成本，对具体培训方面的不足进行发掘，从而进行有针对性的改善

明确培训效果的转化情况

- 通过考试和问卷调查等形式，明确受训者在培训后知识和技能的收获与收益，并据此对培训效果的转化情况进行考量

图 7-2　培训效果评估的作用

7.2.2　培训效果评估的标准与流程

1. 培训效果评估的标准

培训效果评估的标准是指将培训与开发活动的目标具体化为可测量的指标，并将其作为测量培训与开发过程和成果的参照标杆。

通常来说，培训效果评估的标准主要遵循以下四个原则。

(1) 相关性原则。相关性原则是指衡量培训成果的标准与培训计划预定训练或者学习的目标之间的关联性。

(2) 稳定性原则。稳定性原则是指对培训项目所取得的成效进行测试时，其测量结果的长期稳定性。

(3) 区分性原则。区分性原则是指受训者取得的成果能真实反映其绩效的差别。

(4) 可行性原则。可行性原则是指在对培训成果进行评估时，采集测量结果的难易程度。

2．培训评估的层次

培训评估的层次由柯氏四级评估理论确定，如表 7-2 所示。

表 7-2　柯氏四级评估理论

层级	名　称	内　容	时　间	方　法
1	反应层	了解受训人员对课程安排、讲师及培训组织的满意情况	培训即将结束时	问卷调查、访谈、观察、座谈、电话或者邮件等
2	学习层	了解参训人员对培训知识、内容、操作、技巧等掌握程度	培训中、培训结束时	提问、笔试、演讲、演示、角色扮演、心得文章等
3	行为层	了解参训人员培训后行为改变是否由该培训影响所致	培训结束两三个月或半年后	360 度评估、目标管理、能力鉴定、绩效评估、行为观察、问卷调查、访谈等
4	结果层	了解该培训给公司业绩带来的影响	培训结束半年或一两年后	员工满意度、客户满意度、企业内外环境、成本效益、离职率、缺勤率、生产率、合格率、个人和企业绩效指标等

柯氏四级评估理论是目前国内外运用最为广泛的培训评估方法，是由柯克派崔克(Kirkpatrick，1959 年)提出的培训效果评估模型。

在这个模型中，培训效果评估包括反应层、学习层、行为层及结果层四个阶段的评估。从理论上讲，随着培训评估层次的提高，可以看到培训所带来的更深层次的影响，能够发现培训项目的价值。然而，由于包括人、财富、物在内的资源因素的限制，不可能对所有的培训项目都进行四个层次的培训效果评估。因此，在开展培训效果评估之前，必须对每个培训项目有针对性地选择培训效果评估的层次。

3．培训效果评估的流程

培训效果评估的流程主要由以下几个步骤组成。

(1) 做出评估决定

在做出评估决定之前，需要进行可行性分析及培训需求分析，明确培训效果评估的目的，选择评估者，确定参与者，并建立评估数据库。

(2) 设计培训评估方案

培训评估目标明确后，要开始设计培训评估方案，在此过程中不仅要对评估者进行选择，更要确定评估内容以及评估方法。

培训评估的内容主要包括培训效果的评估、培训工作人员的评估、培训内容的评估等。培训方法则要根据企业性质和特点采取问卷调查法、访谈法、行为观察法等。

(3) 实施培训评估方案

当确定培训评估方案后，便可以开展具体的培训评估工作了。要注意的是，对于不同的评估层次，评估时间的选择也应做出调整。例如，对于反应层的评估，通常在培训中或者培训刚结束时进行调查，这样可以有效避免因时间间隔较长导致受训者忘记培训感受，从而影响到数据的真实性。如果从行为或者结果层考量，则可以选择在培训结束一段时间后(如 3～6 个月)进行，这是因为培训的效果真正作用于员工的实际工作表现中尚需一段时间。

当适时地收集到所需要的信息和数据后，培训评估工作者便可以开始对所收集的信息采用一定的方法和技术进行整理与分析，并形成评估数据库。

(4) 反馈评估结果并撰写评估报告

① 反馈评估结果。培训评估结果通常需要反馈给参与培训工作的培训部工作人员、管理层、受训者、受训者的直接领导等相关人员。

② 撰写评估报告。评估报告的内容和结构包括：培训项目的概况，评估的目的和性质，评估实施的过程，阐述评估结果，提出参考意见等。撰写评估报告的目的在于让他人判定培训工作做得是否科学、全面、合理。

7.2.3　培训效果评估的方法

培训效果评估的方法主要包括访谈法、行为观察法、问卷调查法、笔试法、业绩观察法、集体讨论法。

1. 访谈法

访谈法是指通过列出与培训效果有关的问题清单，并按照清单的问题与受训者进行交流沟通的方法。

访谈法的应用范围很广，如可以了解受训人员对某培训方案或学习方法的反应；了解受训人员对培训目标、内容与自己实际工作之间相关性的看法；检查受训人员将培训内容在工作中应用的程度；了解影响学习成果转化的工作环境因素；了解受训人员的感觉和态度；帮助受训人员设立个人发展目标；比较组织战略和培训之间的一致性；为下一步的问卷调查做准备等。

访谈法主要有以下几个步骤。

(1) 明确访谈目的。

(2) 设计访谈方案。

(3) 测试方案效果，发现问题及时修正和完善。

(4) 具体实施。

(5) 对访谈资料进行分析。

(6) 撰写报告。

访谈法的优势比较明显，这种方法可以及时对问题做出解释并检查理解是否正确；它能实现有效的双向沟通，确保对问题的解释和澄清；访谈法可以进行计划外的询问，也可以对问题深入追踪。

但是访谈法的成本相对较高，实施访谈和分析资料需要耗费时间，同时访谈的效果较为依赖访谈者的能力。

2. 行为观察法

行为观察法是指观察者选择观察方法，设计并利用观察工具对观察对象进行观察评估的方法。行为观察法可以现场反馈受训者在经过培训后的技能提升，评估受训者在培训前后的行为及能力变化。

这类方法适用于检查培训目标与工作任务相匹配的程度，评价受训人员在工作中对培训内容的应用，了解受训人员偏爱的学习方法以及对培训师所使用教学方法的态度。

行为观察法主要有以下几个步骤。

(1) 描述和说明培训项目开发的技能，并将此作为观察的对象。

(2) 把上一步提到的技能分解为若干个行为，并对其进行分析和归类，阐明其与培训目标之间的关联。

(3) 将上一步的行为分类汇总为行为标准表，并根据此表对观察者进行考察分析。

(4) 观察人员对观察对象的工作状态进行记录，并与评估行为标准进行对比。

(5) 将行为评估表记录的内容反馈给观察对象及其主管。

3. 问卷调查法

问卷调查法是在调查研究中采用最频繁的一种基本方法，它是指通过问卷的形式对受训者在工作中对培训内容的理解和应用情况进行评价。

问卷调查法主要有以下几个步骤。

(1) 确定调查目标。要明确问卷调查要达成的目标、了解的信息，以及这些信息的价值。

(2) 设计问卷。这个阶段主要包括设计问卷的顺序、设计问卷的表达方式、设计问卷的实际内容、设计问题的形式四个方面的内容。

① 设计问卷的顺序。一份完整的问卷应当包含问卷名称、问卷说明、问卷题目、致谢和说明这几个部分。其中问卷题目的顺序会影响到回答的内容及回答率，因此，问卷问题的设计需要遵循以下几个原则：从一般到具体，从熟悉到生疏，将同类问题归到一起，按照事件发生顺序安排问题。

② 设计问卷的表达方式。问卷的表达方式主要有开放式和封闭式。前者有利于鼓励受访者表达重要的观点，但分析问卷则需要花费很长时间；后者因有若干备选答案，方便受访者回答和分析。一般来说，当问卷设计者不能确定答案的范围时才会采用开放式问题。

③ 设计问卷的实际内容。问卷的实际内容就是问题，问题应当紧密围绕评估目的展开，问题的表述要清晰明确，问卷中也不能包含情感暗示。

④ 设计问题的形式。问题的形式主要有二选一、多选一等。具体示例如下。

培训效果评估调查问卷

为了解您的课后感受，进一步做好今后的培训工作，我们特进行此次问卷调查，请您花几分钟时间认真填写对此次培训的评价。

大部分问题的可选答案为数字 1、2、3、4、5。5 代表您对该问题非常认同(非常好，非常满意等)，4 代表比较认同(比较好，比较满意等)，3 代表一般认同(还可以等)，2 代表比较不认同(不太好，不太满意等)，1 代表非常不认同(非常不好，非常不满意等)。

一、课程满意度调查(请用"√"标出你对评估项目的满意度)						
项目	指标		评	分		
课程 部分	课程目标符合工作和个人发展需求	5	4	3	2	1
	课程内容对实际工作有指导作用	5	4	3	2	1
	条理层析清晰，重点突出，设计合理，易于理解	5	4	3	2	1
	课时安排长度合理	5	4	3	2	1

讲师部分	讲师的仪表及职业态度	5	4	3	2	1
	掌握本专业知识，备课充分	5	4	3	2	1
	讲解充分，逻辑清晰，节奏恰当，语言生动，课堂互动强	5	4	3	2	1
培训组织	培训时间安排合理	5	4	3	2	1
	培训信息通知发布与课后跟进的到位程度	5	4	3	2	1
	培训环境、配套设施设备达到理想效果	5	4	3	2	1

二、其他方面

1．本次培训中您认为哪些内容对您的帮助最大？

2．您对培训内容、讲师及培训过程有什么意见或建议？

感谢您的参与！

(3) 测试问卷。在问卷全面实施之前进行一次测试，对问卷进行修改和完善。

(4) 正式展开调查。基于修改和完善的问卷实施调查。

(5) 撰写调查报告。通过整理和分析问卷，撰写调查报告。

4．笔试法

笔试法一般用于了解受训者已经掌握的知识，可以在培训期间或者培训结束后反馈相关信息，对培训阶段的学习成果进行考察和检验。

笔试法主要有以下几个具体步骤。

(1) 明确培训测试目标。要在笔试前确定测试的目标，包括对培训的哪些方面进行考察，对哪些受训者进行考察，以及倘若测试结果不好，将采取何种对策。

(2) 设计及制定考试内容。测试题目主要分为记忆性题目和识别性题目。前者主要是简答题、填空题等；后者则主要为判断题、选择题等。

(3) 设置测试题目的顺序。题目的顺序应当遵循先易后难的原则。

(4) 分数配置。通常分数的配置是 100 分，如果题量较大，难度系数较高，可以选择设置 150 分。总之，分数的配置要合理，且根据题目的难易度进行配置。

(5) 准备考试说明。对于各项题目说明得分原则，说明考试时间规定及考场规则等。

(6) 开展测试。根据规定的考试时间、考试地点、考试规定进行培训测试。

(7) 进行评分。由判阅人员对照题目的标准答案进行评分，对于不同题型要有相应的分数，然后给出汇总分数，方便对笔试成绩有异议的受训者进行查分。

(8) 分析笔试结果。结合培训后受训者的整体成绩及培训各个方面具体知识的成绩，对此次培训进行分析，总结培训的效果。对于受训者来说，也要根据测试的结果弥补自身的不足。

5．业绩观察法

业绩观察法是指评估人员在培训结束后，到受训者的工作岗位上实地观察受训人员的工作实况，评估培训的成效。

如根据实地观察发现，受过培训的员工在工作热忱、工作态度、责任心等方面有明显的改善，则可认定培训已发生效果。还可以比较受训人员和未受训人员的工作情况，以此比较结果对培训的成效做出评估。

此外，这种定性的评估方法需要培训部门以书面调查或者面谈的形式，向受训人员的部门领导了解其工作上的表现。

6．集体讨论法

集体讨论法是以召开讨论会的形式将所有受训者集中到一起，每个受训者都要在会议上陈述自己在培训中的收获，以及如何将其应用到工作中。

这种方法通常在培训结束后采用，有时也会采用写培训总结或者培训感想的方式。

7.2.4　培训投资收益的计算

培训投资收益是指组织从培训计划和培训项目中获得的依据价值可以衡量的实际成果。

培训投资收益主要通过成本—收益分析法进行计算。

成本—收益分析法是通过分析成本和培训所带来的各项硬性指标的提高，计算出培训的投资回报率，这就是最常见的定量分析法。其中涉及两个公式。

1．培训投资收益

$$TE=(E_2-E_1)\times TS\times T-C$$

其中：TE 为"培训收益"；E_1 为"培训前每个受训者一年产出的效益"；E_2 为"培训后每个受训者一年产出的效益"；TS 为"参加培训的人数"；T 为"培训效益可持续的年限"；C 代表"培训成本"。

2．培训投资收益率

培训投资收益率=培训收益/培训成本×100%

其中"培训成本"包括直接成本和间接成本。直接成本包括：培训讲师费用、培训项目咨询专家费用、设计人员的费用；培训实施的材料和设施、设备的费用；培训场地的使用或者购买费用，以及交通、食宿等费用。间接成本包括：受训者的工资和福利；一般的培训办公用品费用；设施、设备及相关的维修、维护费用；与培训没有直接关系的培训部门管理人员、行政后勤服务人员的工资；交通等各项费用。

若计算结果小于1，则表明培训收益小于培训成本，说明此次培训没有收到预期的效果，或者企业存在的问题是培训无法解决的。

7.3　培训效果评估报告

7.3.1　培训效果评估报告的内容

一般来说，组织在开展一项培训活动时，项目管理人员需要结合培训项目要求，或者在培训中，或者在培训后对培训效果进行评估，并且编制一份具有参考价值、分析全面的培训效果评估报告。

培训效果评估报告应当包括以下几个方面的内容，如表 7-3 所示。

表 7-3　培训效果评估报告的内容

内　　容	具　　体
摘要	指报告的简要综述，主要概括评价的结果和提出的建议
项目背景	指培训项目的总体说明。包括培训项目提出、需求评估的总体概括、培训项目的总体目标、培训项目方案的概括等
评价目的	指详细说明培训效果评估所要达到的目的，并对各分类和各层级的培训目的进行详尽说明
评价方法和策略	指评价包括哪些层次、评价的过程是怎样的、评价方案如何、采用何种评价方法和工具等
数据分析	包括数据是如何收集的、何时收集的，数据分析的方法和分析的结果是怎样的
项目成本	主要分类介绍与汇总各项目的成本和总体成本
培训取得的成果	包括总体效果的反馈、培训目标实现情况、受训者对培训项目的满意度、受训者实际应用效果、绩效改进情况和投资回报率等
结论和建议	包括总结培训目标与各层次目标的实现情况，并针对实际存在的问题提出项目改进意见

7.3.2　撰写培训效果评估报告的步骤

撰写培训效果评估报告的目的是向评估外的人员提供评估结论并对此做出说明，撰写培训效果评估报告一般包括以下几个步骤。

1．撰写导言

首先说明实施的背景，介绍评估目的和评估性质；其次必须说明此次评估方案实施以前是否有过类似的评估，如果确认存在，那么评估者就可以从以前的评估中发现缺陷与失误。

2．概括评估实施的过程

评估实施过程是评估报告的方法论部分，要交代清楚实施的方法以及依据。概述评估实施的过程，主要就是说明评估采用的方法及组织实施情况、利用的评估工具等。

3．阐明评估结果

结果部分与内容部分是密切相关的，必须保证两者的因果关系，不能牵强附会。因此，阐明评估结果主要是对评估结果进行详细的描述，使人对评估所得的结论一目了然。

4．对评估所得的结果进行解释和评论

针对评估结果中的不足之处，提供改进培训效果的意见。

5．附录和报告提要

附录主要是提供培训效果评估表、培训成本分析表等；提要则是对报告要点的概括，是为了帮助读者迅速掌握报告要点而写的，要求简明扼要。

7.3.3 撰写培训效果评估报告的要求

撰写培训评估报告的要求主要包括以下几个方面。

(1) 调查培训结果时必须注意接受调查的受训者的代表性，必须保证他们能代表整个受训者群体回答评估者提出的问题，避免因调查样本缺少代表性而做出不充分归纳。

(2) 组织对培训投入大量的时间和精力，希望用评估来证明培训的价值。

(3) 评估者必须综观培训的整体效果，以免以偏概全。

(4) 评估者必须以亦庄亦谐的方式论述培训结果中的消极方面，避免打击有关培训人员的积极性。

(5) 当评估方案持续一年以上时间时，评估者需要做中期评估报告。

(6) 要注意报告的文字表述与包装。

培训评估报告模板范例

培训效果评估报告					
一、出勤情况					
序号	部门/培训日期	培训执行率	缺勤情况		
			缺席		请假
参加人数/人	28	实际参加人数/人	28	出勤率	100%

二、培训反馈综合统计	
本次培训共回收___份有效培训反馈表	
学员综合评分分布情况见右图	
本次培训的综合平均满意度为___分	

三、培训成果	
本次培训课程学员的收获或得到启发的情况	
学员认为本次培训需改进之处	
学员还希望提供哪些相关的培训课程及内容	

四、意见反馈及分析回复

学员意见、建议反馈	分析回复	单项满意度
1.对培训组织过程的评价		___%
2.对讲师的评价		___%

五、培训效果总结

总结：

7.4　培训效果的转化

7.4.1　培训效果转化概述

培训效果转化是指受训者持续而有效地将其在培训中所获得的知识、技能、态度和行为运用于工作中，从而使培训项目发挥其最大价值的过程。企业要想通过培训提高员工和组织的整体业绩，就必须了解如何实现企业中的培训效果转化。

培训工作并不局限于培训部门，还需要管理层和直线经理的支持，特别是培训效果的转化更是离不开他们的支持——培训结束后，就培训内容与下属进行沟通，鼓励下属将所学内容应用到实践中，并予以指导、评价、反馈。

此外，企业还可以制定配套的合理考核机制，组织相关评比活动，树立学习应用目标，讨论如何将培训内容运用到具体工作中，建立合理的考核奖励制度等方式，促进培训效果的转化。

受训员工需将所学知识技能应用于工作当中，转化为员工的习惯行为，即培训学习的迁移，这样才能给企业带来实际效益。

7.4.2　培训效果转化的理论

关于培训效果转化，主要有三种有影响力的理论：同因素理论、激励推广理论、认知转化理论，如表7-4所示。

表7-4　培训效果转化的理论

理　　论	强调重点	适用条件
同因素理论	培训环境完全相同	工作环境的特点可预测并且稳定，如设备使用培训
激励推广理论	一般原则运用于多种不同的工作环境	工作环境的特点不可预测并且变化剧烈，如谈判技能的培训
认知转化理论	有意义的材料和编码策略可增强培训内容的储存和记忆	各种类型的培训内容和环境

7.4.3　培训效果转化的层级

培训效果转化主要包括以下四个层级。

1．依样画瓢

一般而言，当受训者的工作内容和环境条件与培训时的情况都完全相同时，才能将培训内容转化为行为，因此，培训转化的效果取决于实际工作环境与培训时环境特点的相似性的大小。

2．举一反三

受训者要理解培训效果转化的基本方法，掌握培训目标中最重要的一些特征和原则，同时要明确这些原则的适用范围。这个层面的转化效果可以通过在培训时示范关键行为，并强调基本原则的多种使用场合来提高。

3．融会贯通

受训者在实际工作中遇到的问题或状况即使与培训过程的情况完全不同，也能回忆起培训中的学习内容，从而能够建立起所学知识与现实应用之间的联系，并恰当地加以应用。

4．自我管理

受训者能积极主动地应用所学的知识和技能解决实际工作中的问题，而且能自我激励，主动思考培训内容在实际工作中可能的应用。比如，为自己设置所学知识和技能的应用目标；对所学内容的运用进行自我提醒、自我监督；对培训内容的应用加以自我强化，以达到创造性地应用所学知识和技能的目的。

7.4.4　培训效果转化的方法

培训效果转化的方法主要是指建立学习小组、制订行动计划、实施多阶段培训方案、应用表单和营造支持性的工作环境。

1．建立学习小组

建立学习小组可以促进受训者之间互助互学、彼此监督，同一个部门相同工作组的人员参加相同的培训后成立小组，并与培训讲师保持联系，定期对培训内容进行复习和巩固，从而改变整个部门或者小组的行为模式。

2．制订行动计划

在培训课程结束时可以对受训者提出要求，如明确行动目标、制订行动计划，以确保回到工作岗位上能够不断地巩固和应用新学习的技能。

为了确保行动计划顺利有效实施，参加者的上级应予以监督，如将行动计划做成合同，双方定期回顾计划的执行情况；培训人员也可以参与行动计划的执行，同时在执行过程中及时对受训者进行指导。

3．实施多阶段培训方案

多阶段的培训方案多适用于管理培训。该方案经过系统设计分段实施，每个阶段结束后，给受训者布置作业，要求他们应用课程中所学技能进行操作或者演练，并在下一阶段将运用中的成功经验与其他参训者分享，直到完全掌握此阶段的内容后进入下一阶段的学习。

4．应用表单

应用表单的方法较适合技能类的培训项目。

应用表单是将培训中的程序、步骤和方法等内容以表单的形式进行提炼，以便于受训者在工作中应用，如核查单、程序单。受训者可以利用这些表单进行自我指导，当习惯运用表单后，就能正确地应用所学的内容。

为避免受训者半途懈怠，可由其上级或者培训人员定期检查或者抽查表单。

5．营造支持性的工作环境

逐步建立由高层在企业内长期倡导和学习的培训制度，并将培训纳入考核。除了培训部门，一线的管理者也应当承担起培训的责任，并在自己的部门内建立一对一的辅导关系，确保受训者将所学的知识切实有效地应用到工作中。

小　结

　　培训效果是组织人员从培训中获得知识、技能或者能力的提升，或者组织经过人员的培训后取得投资收益的提高。企业为了收获好的培训效果，需要对受训者的每一个培训项目进行评估，通过评估结果反馈信息、诊断问题和改进工作。

　　评估可以作为控制培训的手段，贯穿于培训的始终，确保培训达到预期的目的。培训效果是培训评估的对象和前提，培训评估则是培训效果不断得以提高的有效保证。

第 8 章　人员培训与能力开发

【案例】

爱立信的终身教育

随着爱立信产品在中国市场的推广和畅销，培训客户及本公司员工变得越来越重要。爱立信在中国乃至世界范围内取得成功的关键环节之一是能充分挖掘员工潜力，重视员工与客户的培训。爱立信北京培训中心的组织结构很健全，既有课程发展部专门设计培训课程，保证培训内容的完整性和一致性，又有市场部负责开发培训市场，反馈用户信息，使课程设置更适应中国市场的情况和用户的要求。这样既保证了员工个人能力的培养与部门目标相适应，又便于培训中心从总体上进行协调和控制，从制度上保证了培训工作的有效性。

每年年初，根据市场部的需求预测及课程发展部的课程安排，公司会制订全年的培训计划，内容包括课程名称、时间、费用和名额等。爱立信中国分公司有一个 Intranet 网，行政部把这一年的培训计划放在 Intranet 网上，公司的每一个员工都可以上网查询。爱立信培训中心一旦发布新的培训计划，员工就可以根据与经理讨论的培训安排去培训中心报名。爱立信培训中心收到员工报名表后，行政部根据课程安排给员工发送一份邀请函，其内容包括课程名称、时间、地址、费用以及在课程开始前一个月内允许取消课程等信息(否则即使员工没来上课，也会收取费用)。

爱立信培训中心放在 Intranet 网上的培训计划每月更新一次，员工每月月初都去查看新的培训计划，以安排自己的时间，力争在一年内完成自己的培训计划。爱立信培训中心规定：理论课最少人数不低于 16 人，最多人数不超过 24 人；实验操作课最少人数不低于 6人，最多不超过 8 人。控制人数既可防止课程浪费成本，又可保证教学质量。在课程开始前一个月，如果发现有的课程报名人数不满，行政组将在 Intranet 网上发布培训公告，请需要进行培训的员工尽快报名，一般能收到很好的效果。培训课程结束后，行政部根据考勤和考试情况给学员颁发爱立信专用证书，一般规定出勤率达到 90%以上才有资格领到证书。

(资料来源: https://www.examw.com/glzx/anli/102898/)

思考：

1. 你觉得爱立信公司对员工培训的重点是什么？

2. 员工培训与技能开发需要怎么做？

8.1 新员工的培训与开发

8.1.1 新员工培训的目的

新员工入职培训，通常也称为职前教育、导向教育等。它是很多企业经常执行的一项培训工作，企业应当对新员工进行制度规范、岗位职能、企业文化等基础性的培训。

因此，一般而言，培训新员工是为了达到以下目的。

1．互相了解

(1) 让新员工了解组织。尽管新员工在应聘过程中已经对企业有了初步的了解，但这种了解较为片面和浅显，因此在正式进入工作岗位前必须对组织进行全面和深入的了解。

(2) 新员工培训的过程，也是组织管理者和新员工相互了解的过程。

2．消除疑虑

新员工进入新的组织时，往往充满很多疑问、期待、担心甚至焦虑，通常这种心理会伴随新员工入职后的一段时间，此时良好的培训和了解将会缩短这种状态持续的时间，帮助新员工更快地消除负面情绪和心理，尽早进入工作状态。

3．适应工作

对于新员工来说，在进入新的企业前，无论是否做过类似的工作，是否拥有扎实的基础，是否拥有丰富的经验，都必须了解和熟悉新岗位的要求和工作内容，而这都是培训所要解决的问题。通过培训，新员工了解其即将从事的工作的基本内容及程序，能尽快进入新的角色。

4．培养归属感和忠诚度

员工对组织的归属感，就是员工对组织从思想、感情和心理上产生的认同、依附、参与和投入，是对组织的忠诚和责任感。在新员工入职培训阶段，正是培养员工归属感最关键且最有效的阶段。

5．与组织共同发展

组织要通过培训向新员工展示组织对其发展期望及在组织中的发展平台，让新员工对自己今后在组织的发展前景有清晰的了解；同时，让新员工了解组织的发展目标，大家共同进步。

8.1.2　新员工培训的内容

1．新员工培训内容设计需要考虑的因素

新员工培训内容设计需要考虑两方面的因素，即新员工的特点及新员工培训的目标。

其中，新员工的特点主要表现在以下几点。

(1) 对组织的了解不足。新员工对组织的管理制度、企业文化、工作环境等缺乏了解。

(2) 对发展空间的担忧。新员工往往担心组织所提供的发展平台是否能够发挥自己的能力。

(3) 具有较强的防范心理。新员工对陌生的环境和同事存在一定的防范心理，担忧能否融入新的集体及现实与期望的差距。

2．新员工培训的内容及实施者

新员工培训的内容及实施者如表 8-1 所示。

表 8-1　新员工培训的内容及实施者

培训项目	培训内容	实施者
融入组织的培训	包括文化融入、团队融入和工作环境融入，目标是将新员工培养成企业人	总经理、行政部经理、人力资源部经理
职业化培训	包括知识和技能的应用、对待工作的态度、对待职业的责任感、职场中的规则等职业态度、职业意识的培训	总经理、部门经理、优秀员工
岗位技能的培训	包括岗位职责要求、岗位使命、岗位上下级关系、岗位基础知识等，是为新员工上岗做技能方面的准备	部门经理、部门主管、优秀老员工
职业发展培训	职业发展培训主要是向新员工展示组织的职业发展通道，对新员工做职业发展规划方面的培训	培训部经理、人力资源部经理

8.1.3　新员工培训的程序

1．概况介绍

由了解组织情况的人员向新员工做介绍，或者统一组织观看介绍组织的影片。介绍的内容包括组织发展历史、组织机构、主要领导、平面布置等。

2．参观

在参观的过程中向新员工介绍组织的关键部门及场所，特别是让新员工了解组织环境内的重点建筑，如雕塑、展览橱窗、荣誉堂、纪念碑等。

3．组织层次的培训

组织层次的培训包括由组织主要领导宣讲组织文化，由有关部门负责人介绍组织规章制度和组织生产经营特点、技术特点，对新员工进行上岗前的岗位技能培训等。

4．部门层次的培训

新员工进入各自岗位后，由各所属部门组织相应的培训，包括向新员工介绍本部门人员、本部门主要职能、本部门的章程及特殊规定，以及对新员工继续进行必要的岗位技能培训等。

5．有关领导与新员工一对一面谈

如果组织规模不大，可由组织的主要负责人同新员工面谈；对于大型组织来说，可以由员工的直接领导与其面谈。面谈的目的是增进领导与员工之间的了解。

8.2　一般在职员工的培训与开发

8.2.1　销售人员培训

1．销售人员培训需求分析

销售人员培训需求分析主要包括四个方面的内容。

(1) 组织要求分析

组织要求分析包括组织环境分析、客户分析、企业自身分析、竞争对手分析四个方面。

① 组织环境分析，主要是分析市场知识、合同知识、商业贸易条例、法律法规对销售人员培训需求的影响。

② 客户分析，主要是分析客户的资料、定位和需求以及客户服务方面的知识等对销售人员培训需求的影响。

③ 企业自身分析，主要包括企业概况、企业文化、企业对客户所承担的责任、产品和服务、销售渠道、业务策略等对销售人员培训需求的影响。

④ 竞争对手分析，主要是分析竞争对手的行业地位、产品及市场销售情况等对销售人员培训需求的影响。

(2) 工作岗位分析

销售人员的岗位职责主要体现在市场开发、完成企业销售目标及回款、维护良好的客户关系、收集市场信息等。

销售人员的这些职责决定了销售人员的培训应当从岗位任职资格分析、工作关系分析、工作任务和职责分析、销售的方法和技巧分析四个方面进行。通过对销售人员的工作分析，可以了解销售人员的工作表现，更好地确定培训需求和目标。

(3) 个人能力分析

个人能力分析主要包括知识掌握程度分析、能力分析和个人工作绩效分析。

① 知识掌握程度分析，主要包括产品知识、专业知识等的分析。

② 能力分析，主要包括市场分析能力、人际沟通能力、灵活应变能力、团队合作能力、承压能力。

③ 个人工作绩效分析，即主要通过销售人员目前的工作绩效与企业期望他达到的绩效标准进行对比，分析销售人员需要改进的地方。

(4) 工作态度分析

一名合格的销售人员除了具备一定的销售能力外，还需要具有良好的工作态度。良好的工作态度主要体现在遵守企业相关管理制度、有较强的工作责任心、有较高的个人信用度、重视客户关系的维护、良好的团队合作意识等方面。

2．销售人员培训内容

做好销售人员培训，必须制订培训计划。销售经理在组织制订培训计划时，要确定培训内容、培训方式等问题。

(1) 培训的内容

销售人员的培训计划内容常因工作的需要及销售人员已具备的才能而异，通常包括以下内容。

① 企业一般情况介绍(包括企业的经营历史、重要性、地位、营销策略、企业文化等)。

② 销售产品的有关知识(包括产品的用途、结构、品质、工艺、包装、价格、维护及修理办法等)。

③ 有关产品销售的基础知识。

④ 有关销售的技巧性知识。

⑤ 有关销售市场的知识。

⑥ 有关行政工作的知识。

⑦ 有关顾客类型的知识。

(2) 培训的方式

销售经理要根据本企业的实际情况确定销售人员培训的具体方式。常用的培训方式具体如表 8-2 所示。

表 8-2　销售人员培训方式

培训方式	具体内容
在职培训	在职培训要求销售人员一边工作，一边接受培训。这种方法既不影响工作，又提高了销售人员的素质，增强了他们的业务能力，是一种最常用的方法
个别会议	由接受培训的个别销售人员参加讨论的会议
小组会议	由若干接受培训的销售人员成立小组参加讨论的会议
个别函授	企业培训部门根据具体情况，分别函授各个销售人员
销售会议	有意识地让销售人员经常参加企业内部召开的销售会议，以达到培训的目的
设班培训	企业定期开设培训班，系统地对销售人员进行培训
通信培训	利用通信器材对销售人员进行培训

8.2.2　技术人员培训

1. 技术人员培训需求分析

技术人员培训需求分析内容主要包括组织要求分析、技术岗位分析和技术人员个人分析三个方面。

(1) 组织要求分析。组织要求分析包括组织战略分析和组织资源分析，前者是指根据组织长远发展战略和年度发展重点，确定组织对技术人员素质的要求；后者主要是对组织的人力、物力和财力各种要素的分析。

(2) 技术岗位分析。技术岗位分析包括岗位说明书和绩效考核资料分析。前者参考技术部门职位说明书、技术人员岗位说明书等了解技术人员的主要职责以及他们需要了解和掌握的知识、技术、技能等，明确技术人员岗位的培训需求；后者主要用来分析技术人员行为和绩效存在的差距与原因。

(3) 技术人员个人分析。技术人员个人分析包括个人能力分析、个人知识水平分析和个人发展需要分析。个人能力分析主要通过对技术人员的专业技术、创新思维、团队合作等能力的分析评定技术人员的能力等级。个人知识水平分析是指对技术人员的知识水平进行评定、分级，为培训需求分析提供依据。个人发展需要分析主要是对技术人员个人发展需求通过座谈会的形式做出调查。

2．技术人员培训内容

技术人员培训的主要目的是增强其在产品技术方面的研发能力，加强团队管理与自我管理，提升产品的质量。

技术人员的培训主要有以下内容。

(1) 企业品牌形象建设。

(2) 现代市场顾客需求研究。

(3) 竞争性产品研究与新产品策略。

(4) 产品开发。

(5) 设备操作与保养。

(6) 新技术研究与学习。

(7) 工程、工艺流程改善与管理。

(8) 品质管理。

8.2.3　生产人员培训

1．生产人员培训的特点

生产人员培训的特点主要有以下几个方面。

(1) 生产人员培训要强调团队协作理念，一般采用集体培训形式。

(2) 生产人员的培训包括企业内部培训与企业外部培训。前者可以由企业内部经验丰富的师傅对徒弟培训；后者则聘请外部专家培训。这两种模式通常结合起来为生产人员进行培训。

(3) 系统性培训和零散性培训相结合，闲时以系统性培训为主，忙时则以零散性培训为主。

(4) 生产人员培训要坚持规范化与个性化相结合，生产操作实践、标准控制等要按照规定进行，然而对生产问题也要做到灵活处理。

2. 生产人员培训内容

生产人员培训的内容主要包括专业知识类、管理技能类和通用知识类三个方面，如表 8-3 所示。

表 8-3　生产人员培训内容

培训类别	培训内容
专业知识类	生产现场管理、生产标准管理、生产品质管理、全面生产管理、精益生产管理、生产成本控制、生产计划控制、全面质量管理、看板管理
管理技能类	领导力提升、会议管理、团队管理、有效沟通、执行力提升、有效授权
通用知识类	企业文化、企业规章制度、压力与情绪管理、目标管理、安全生产

3. 生产人员培训常用方法

(1) 讲授法。由生产专家或者一线生产技术能手讲解生产中的相关知识。

(2) 演示法。由具有丰富生产经验的培训师或者生产部门人员在生产车间一边操作，一边讲解。

(3) 工作指导。由岗位技术能手或者车间主任对生产人员进行一对一技术指导。

(4) 录像与多媒体教学。将生产过程录制下来，供受训者进行学习和讨论。

8.3　脱岗与外派人员的培训与开发

8.3.1　脱岗人员培训

脱岗培训，又称"脱产培训"或"脱产教育培训"，是相对于在岗培训而言的。它的意思是"离开工作和工作现场，由企业内外的专家和教师，对企业内各类人员进行集中教育培训"。

1. 脱岗培训的目的

(1) 为满足当前工作的需要。员工当前的能力不能满足该岗位的要求,倘若不及时进行改进或者提升,会影响工作进程,同时在岗培训又无法满足当前的培训需要,因此需要进行脱岗培训。

(2) 为满足日后工作的需要。尽管员工当前的能力可以满足岗位需求,但为了更好地适应企业发展,提升自身能力,需要进行脱岗培训。

2. 脱岗培训的特点

脱岗培训的特点主要体现在五个方面,如图 8-1 所示。

受训人数	培训产生方式	受训时间	培训内容	培训费用
受训人数较多,覆盖面较广	由公司或者相应部门统一决策、安排	时间较长,会占用较多的工作时间	针对知识、技能、业务、态度等方面的培训	脱岗培训需要选择外部培训机构,费用较高

图 8-1　脱岗培训的特点

3. 脱岗人员培训的分类

脱岗人员培训分为三大类。

(1) 分阶层脱岗培训

分阶层脱岗培训就是对不同阶层的职工进行脱岗教育培训,包括对各类管理阶层人员的培训,还包括对新职工的岗前培训、对女职工的脱岗培训、对骨干职工的脱岗轮训等。

(2) 分专业脱岗培训

分专业脱岗培训是指按不同专业对各类职工进行脱岗教育培训,包括对不同职工进行全面质量教育培训、安全生产教育培训,以及专业教育培训和技术教育培训等。

(3) 分等级脱岗培训

与"职工终身教育制"类似，分等级脱岗培训即在进入公司前进行前期教育；进入公司后进行新职工教育；随着职务职位等级上升，进行定期或不定期的教育。

8.3.2　外派人员培训

外派人员是指由母公司任命的在东道国工作的母国公民和第三国国民，还包括在母公司工作的外国公民。外派人员培训的目的是提高外派人员及其家属在海外任职成功的可能性。判定外派成功的标准包括个人适应程度、职业效率程度、人际协调效率。

1. 外派人员的培训内容

外派人员培训的内容主要包括语言培训、文化培训和实际培训。

(1) 语言培训。增强外派人员的语言能力，有助于外派人员的交流和学习，从而有助于其适应东道国环境。

(2) 文化培训。该项内容针对外派人员整个家庭，介绍东道国的文化、历史、政治、经济、社会和商业行为等方面的知识，以及该国与本国之间的文化差异。

(3) 实际培训。帮助外派人员及家庭适应东道国的生活及建立与其他外派家庭之间的联系，向外派人员及家庭介绍东道国的地理、气候、住房、学校、交通、饮食、购物等日常生活信息。

2. 外派人员的培训方式

外派人员的培训方式既可以采用传统授课、视频播放、幻灯片放映、情景模拟等方法，也可以采取举办外派经理研讨会、短期东道国实战体验等新方法。此外，随着网络信息化的普及和发展，越来越多的跨国公司开始利用网络对外派人员进行培训。

8.4　管理人员的培训与开发

8.4.1　基层管理人员培训

基层管理人员培训主要是通过对基层管理人员进行需求分析，并综合分析组织及个人特点，从而有针对性地设计培训内容。

1．基层管理人员开发需求分析

基层管理人员开发需求分析重点在个人能力分析，从其基本能力的角度评估其现有能力的水平，从而分析其开发需求的培训重点。

基层管理人员开发需求分析可以以问卷调查的形式开展，针对基层管理人员的现状进行调查，并由基层管理人员本人、上级、同级评分，调查结果可以作为培训的参考资料。

2．基层管理人员培训内容

基层管理人员培训内容是在综合分析组织、职务以及个人特点三个层面内容的基础上得出的，基层管理人员培训的主要目的是提高其管理与领导力及实际的工作技能。

基层管理人员培训的具体内容如表 8-4 所示。

表 8-4　基层管理人员培训内容

培训项目	培训内容
基层管理人员的角色认知	管理者的角色、地位与责任，基层管理人员的素质要求等
管理技能培训	团队建设与管理、计划与控制、沟通与协调、员工培训与激励、员工绩效管理、员工安全管理、人员工作调配、如何改进员工的工作表现等
管理实务培训	生产计划的编制与控制，如何进行成本控制、质量管理等

8.4.2　中层管理人员培训

中层管理人员培训主要是通过对中层管理人员进行需求分析，并进行组织分析、工作分析和个人分析，有针对性地设计培训内容。

1．中层管理人员开发需求分析

中层管理人员开发需求分析主要包括中层管理人员组织分析、中层管理人员工作分析及中层管理人员个人分析三个方面。

(1) 中层管理人员组织分析

这主要从宏观角度出发，结合企业的经营战略目标，确保中层管理人员的培训开发符合企业的整体目标与发展战略。

(2) 中层管理人员工作分析

工作分析是与职务有关的详细内容即岗位任职资格条件，其结果也可以作为设计和编制培训课程的参考。对工作任务和工作职责的分析是工作分析的一项重要内容，具体操作时可以借助调查问卷或者访谈的形式来收集开发需求信息。

此外，由中层管理人员基于个人的工作情况和要求撰写的工作总结或者述职报告，也可以作为开发需求的参考。

(3) 中层管理人员个人分析

这主要包括个体特征分析、个人能力分析和职业生涯规划分析。

① 个体特征分析。个体特征分析可以从中层管理人员性别结构、年龄结构、知识结构、专业结构、性格特征、管理风格等方面进行分析。

② 个人能力分析。中层管理人员要具备计划组织能力、协调控制能力、决策能力等。对其他能力方面的开发需求进行分析，既可以通过其工作表现来分析，也可以利用问卷调查表的方式获取信息。

③ 职业生涯规划分析。职业生涯规划分析主要通过分析中层管理人员对自身工作岗位的认识和对未来的个人发展需求，进而确定培训需求。其信息来源渠道有很多，如参阅人力资源部存档的员工个人资料获取信息，或者用访谈的形式获取员工职业生涯规划相关的信息。

2. 中层管理人员培训内容

中层管理人员培训目标即提升其管理能力及业务能力，因此这部分培训的具体内容需要根据其晋升需求进行设置，具体如表 8-5 所示。

表 8-5　中层管理人员培训内容

培训项目	培训内容
企业环境分析	企业战略、企业目标、企业组织结构与决策流程
业务管理能力	专业技术知识、如何纠正工作偏差、目标管理、项目管理、时间管理、会议管理、组织管理、冲突管理、职业生涯规划
领导艺术	沟通技巧、如何有效授权、如何激励、如何指导和培养下属、高效领导力
团队管理	学习型组织的建立、定编定员管理、团队合作与工作管理

8.4.3　高层管理人员培训

高层管理人员培训主要通过对高层管理人员进行需求分析，并从组织、职务和个人三个层面进行分析，从而设计有针对性的培训内容。

1. 高层管理人员开发需求分析

高层管理人员培训与开发主要面向企业现任高级管理人员以及可能进入企业高层的优秀管理人员。高层管理者培训的需求分析主要通过三方面来进行。

(1) 战略与环境分析

主要是通过分析公司未来几年的发展规划，结合公司对高层管理者的发展要求，总结出高层管理者的培训重点。

(2) 工作与任务分析

主要通过分析高层管理者的任职资格标准，提出公司对高层管理者在任务执行能力等方面的要求，并由此总结出培训要点。

(3) 人员与绩效分析

主要通过分析高层管理者的绩效评估报告，总结出其中反映的共性问题，由此制定出有针对性的培训提升方案。

2. 高层管理人员培训的内容

高层管理人员培训的主要目的是提升高层管理人员的系统思考能力、知识结构、理念与管理能力，增强领导技能，支持公司实现整体目标等。高层管理人员培训的内容主要如表 8-6 所示。

表 8-6　高层管理人员培训内容

培训项目	培训内容
企业环境	国内及全球经济和政治，企业所处的经营环境分析，企业所属行业发展研究，相关法律、法规及各项政策学习
企业战略发展研究	企业面临的机遇与挑战，企业核心竞争力研究，如何制定企业的发展战略
企业现代管理技术	人力资源管理、生产管理、财务管理、质量管理、信息管理
领导艺术	团队管理、目标管理、员工激励、如何有效沟通、冲突管理、员工潜能的开发
创新意识培养	创新思维训练、思维技巧
个人修养与魅力的提升	成功的管理者、自信力、商务礼仪

8.4.4 管理培训生项目

管理培训生(Management Trainee)是一个外来术语，是外企里面"以培养公司未来领导者"为主要目标的特殊项目。管理培训生是一些大企业自主培养企业中高层管理人员的人才储备计划。通常是在公司各个不同部门实习，了解整个公司运作流程后，再根据其个人专长安排合适的岗位。管理培训生的训练对象主要是应届毕业生。

管理培训生项目通常包括培训和实践两个部分。培训部分一般包括领导力培训、企业文化培训、业务培训等内容；而实践部分则会安排在公司的核心部门，以跨部门轮岗的形式，让培训生较全面地接触公司运营的各个方面。

因此，判断一个培训生项目是否适合企业发展需要，有以下几点需要考虑。

(1) 公司是否有完整的培训项目计划。

(2) 在培训期过后，是否有较合理的后续计划保障培训生的持续成长。

(3) 是否有跨部门轮岗锻炼机会。

(4) 公司在可预见的未来是否可能提供足够的高层管理职位。

(5) 自己是否契合公司的文化，简而言之就是是否喜欢公司的氛围。

(6) 工作的地点、强度等是否符合自己要求。

(7) 对于薪酬福利等是否满意。

8.4.5 企业接班人计划

企业接班人计划又称管理继承人计划，是指公司确定和持续追踪关键岗位的高潜能人才，并对这些高潜能人才进行培训和开发的过程。企业接班人计划就是通过内部提升的方式来系统有效地获取组织人力资源，它对企业的持续发展有至关重要的意义。

企业接班人计划的实施主要包括以下四个方面的工作。

1. 建立潜能人才库

企业要根据自身的经营战略，确定未来所需高层管理人才应具备的素质和能力，同时对符合素质和能力的人选建立档案数据库。潜能人才不仅要拥有良好的自身修养，还需要具备性格、气质、决策力、判断力等在简历上无法体现出来的软技能。对于高级管理职位而言，领导力是最重要的。

2．培养潜在人选

接班人计划能否成功取决于管理团队是否可以积极有效地提升候选人的能力。企业要在潜在人选上投入足够的资源，通过一系列的领导力培训项目支持和推动他们能力的提升。企业高级经理们也要为这些候选人提供指导，帮助他们弥补能力和经验上的不足。

3．考核和评估培养对象

开发和建立客观的评价标准，并分阶段对候选人进行考核和评估，判断他们是否具备一个优秀领导人的品质和能力。同时，根据实际情况评估是否有调整领导力培训项目的必要。

4．选拔重点培养对象

基于考核和评估结果，选拔出重点培养对象，并让那些通过选拔脱颖而出的对象体验领导角色。要确保他们认识到自身的提升对企业未来发展的重要性，并让他们获取更多锻炼的机会。在这一阶段，现任高层领导要发挥积极的作用，经常与这些重点培养对象接触，帮助他们对企业战略和经营目标进行深入的了解。

小　　结

人员培训与开发是人力资源管理的重要内容，是指组织根据组织目标，采用各种方式对员工实施的有目的、有计划的系统培养和训练的学习行为，使员工不断更新知识、开拓技能、改进态度、提高工作绩效，确保员工能够按照预期标准或水平完成本职工作或更高级别工作，从而提高组织效率，实现组织目标。

第 9 章　职 业 开 发

【案例】

迷茫的小芳

　　小芳毕业于某财经学院工商财务管理专业，本科学历。毕业后，她曾在一家中外合资企业从事了两年多的财务工作，但因觉得自己不喜欢财务工作，于是转而做销售；时间不长，她发现销售也不好做，自己很难有成功把握，又通过朋友介绍，去了一家网站做编辑；然而没过多久，她又发现这份工作并不是自己真正想做的职业……寻寻觅觅，备感迷惘的小芳不知自己的职业生涯该如何规划。

(资料来源：https://www.taodocs.com/p-204689850.html)

思考：
1. 你认为小芳最大的问题是什么？
2. 如何做好职业规划，开启一段精彩的职业生涯呢？

9.1　职业开发概述

9.1.1　职业开发的定义

　　职业开发是指确保个人职业规划与组织职业管理的目标一致，从而实现个人与组织需要的最佳结合。职业开发包括两个基本内容，即职业规划和职业管理。

1. 职业规划

　　职业规划也叫"职业生涯规划"，是对职业生涯乃至人生进行持续的、系统的计划过程，它包括职业定位、目标设定和通道设计三个要素。职业规划是针对职业困惑、面向职业发展的一系列服务的统称。它强调个人在职业生涯发展中的主动性，需要结合自己的实际情况选择适合自己的职业，并构建适合自己的职业规划方案，从而努力实现自己的目标。

2．职业管理

职业管理是为了实现组织目标和个人发展的有机结合，从组织角度，对员工所从事的职业进行计划、引导和控制的过程。可见，其侧重于组织在员工职业发展中的主导作用，通常与组织的职业生涯管理系统相适应。职业管理包括组织帮助个人设计和实施职业生涯规划，在大多数组织中，职业生涯管理主要表现为管理人员的继承计划。

9.1.2 职业开发的角度

职业开发的角度必须与组织内外部的实际情况及变化趋势相适应，现阶段职业开发的角度与传统的职业开发角度已经发生了本质上的变化，具体如表 9-1 所示。

表 9-1 职业开发的角度

	内　容	角　度
传统职业开发	推崇家长式管理模式，企业负责对员工的就业提供长期的、稳定的，甚至是终身的就业机会	外部市场环境变化不太剧烈，基本可以预测
		组织内部结构十分稳定
现阶段职业开发	组织与员工在考虑职业开发时，需要与时俱进，从新的角度出发	组织面临的外部环境条件
		组织内部的组织和管理状况

如今社会环境复杂多变，竞争日趋激烈，全球商务化以及组织结构的扁平化等时代特点都促使组织与员工形成了短期性的、缺乏忠诚纽带的新型雇佣关系。而这种新型雇佣关系也引起了组织与个人在进行职业开发时思路上的改变。

新型的职业开发要求组织改变主导地位，鼓励员工主动制定自己的职业发展目标，主动承担起自己的职业发展责任，不断提升自己的技能，增强自己终身就业的能力，认真研究雇主的企业和所处的行业性质及现状，发现并把握其中的就业机会。

此外，新型的职业开发强调组织和员工共同承担起职业开发的责任，而组织则需要不断完善其职业生涯发展机制，从而吸引更多的优秀人才。

9.1.3 职业开发的意义

职业开发无论对于员工个人还是对组织机构都有非常重要的意义，具体表现为以下两点。

1．对员工的重要意义

通过职业开发活动，员工可以认识到自身的兴趣与爱好所在，可以发现自己的优势与不足，可以更加清楚地了解组织内部存在的职业发展机会，能够更加准确地确定自己的职业发展目标，在组织的帮助和支持之下，制订具体的职业发展行动计划，从而促成自己职业生涯发展目标的实现。

2．对组织的重要意义

有效的职业生涯开发与管理活动不仅能够有效地满足组织的人力资源需求计划，增强组织培训与开发经费使用的针对性，而且能够充分调动员工的工作积极性，实现组织与员工的双赢。

9.2　职业开发的相关概念

9.2.1　职业计划

职业计划是指员工将个人发展与企业发展相结合，对决定个人职业生涯的主客观因素进行分析、总结和测定，并通过执行计划的过程，逐渐认识到自己的知识、技能、兴趣和动机等特征，获得相关机会和选择的信息，从而确定个人职业目标的行动计划。

从管理学的角度出发，职业计划包括个人职业计划和组织职业计划两个方面。

1．个人职业计划

对于个人而言，职业计划表现为以下几点。

(1) 职业生涯发展需要进行规划和战略管理。

(2) 职业生涯规划与发展是员工自己的责任。

(3) 将员工个人职业生涯发展目标与公司目标保持一致。

(4) 不断学习，以适应技术发展和社会变化的需要。

2．组织职业计划

对于组织而言，职业计划表现为以下几点。

(1) 组织的迅速发展需要员工工作能力和素质的提高。

(2) 新员工的到来需要加强职业生涯管理。

(3) 组织需要有价值和适应性强的员工以保障企业发展和市场竞争的需要。

(4) 留住人才。

9.2.2　职业发展观

职业发展观是现代人力资源管理的基本思想之一，主要是指组织要为其成员构建职业发展通道，使之与组织的需求相匹配、相协调、相融合，以达到满足组织及其成员各自需要，同时实现组织目标和个人目标的目的。

职业发展观的核心，是要使员工个人职业生涯和组织需求在相互作用中实现协调与融合。

1．职业发展观的产生背景

(1) 经济发展与人们需求水平的提高。

(2) 知识经济时代的到来。

(3) 企业管理从科学管理到文化管理的飞跃。

(4) 组织管理向"以人为本"发展。

2．职业发展观的作用

(1) 有利于促进员工的全面发展，增强其满足感。现代社会仅仅依靠物质利益已经无法满足员工的需求，人类和社会的发展要求员工职业发展必须顺应这种趋势，不仅要解决员工的基本需求，更要从源头解决员工的激励问题，投入足够的资源，从素质、知识和技能上来使员工获得多方位提升。

(2) 有利于建设优秀的企业文化。企业员工的共同价值观是企业文化的核心，其主要内容是如何认识企业的使命、如何看待顾客和员工，对这些问题的认识水平，决定了一个企业的文化水平。

(3) 有利于促进企业的创新发展。职业发展观关键在于发展和进步，鼓励学习，鼓励创新，也鼓励良性竞争。组织在这个过程中，既保持了积极向上、勇于进取的精神，又造就了一批敢于创新的优秀人才，从而促进和推动了企业的健康持续发展。

9.2.3　职业生涯

职业生涯是员工一生所有与职业相连的行为与活动以及相关的态度、价值观、愿望等连续性经历的过程，也是员工一生中职业、职位的变迁及职业目标的实现过程。职业生涯是以员工的心理开发、生理开发、智力开发、技能开发和伦理开发等人类潜能开发为基础，以工作内容的确定和变化、工作业绩的评价、工资待遇、职称、职务变动为标志。

职业生涯包含两个方面的内容，即外职业生涯(对外在职场而言)与内职业生涯(对个人自身而言)，具体内容如图 9-1 所示。

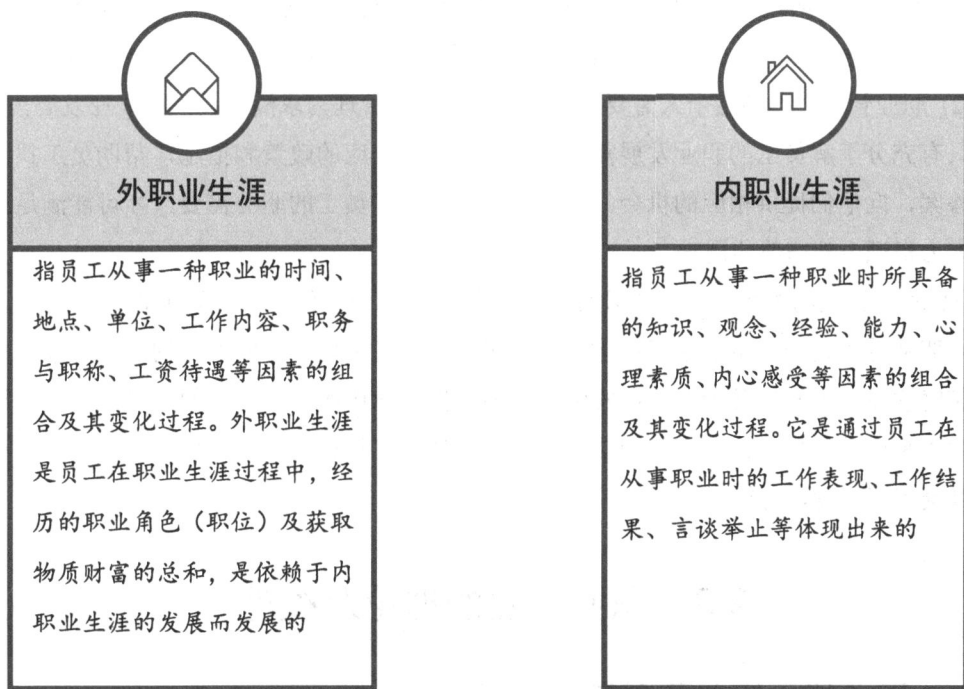

外职业生涯

指员工从事一种职业的时间、地点、单位、工作内容、职务与职称、工资待遇等因素的组合及其变化过程。外职业生涯是员工在职业生涯过程中，经历的职业角色（职位）及获取物质财富的总和，是依赖于内职业生涯的发展而发展的

内职业生涯

指员工从事一种职业时所具备的知识、观念、经验、能力、心理素质、内心感受等因素的组合及其变化过程。它是通过员工在从事职业时的工作表现、工作结果、言谈举止等体现出来的

图 9-1　职业生涯的两个方面

9.2.4　职业管理

职业管理，是一种专门化的管理，即为了实现组织目标和个人发展的有机结合，从组织角度，对员工所从事的职业进行计划、引导和控制的过程。对这一概念，需要明确以下几点。

第一，职业管理的主体是组织。

第二，职业管理的客体是组织内员工及其所从事的职业。

第三，职业管理是一个动态的过程。

第四，职业管理是将组织目标同员工个人职业抱负与发展融为一体的管理活动，它谋求组织和个人的共同发展，同时也是促其得以实现的重要方式、手段和途径。

职业管理的最终目的是实现组织和员工个人的共同发展，因此，职业管理作为组织帮助员工职业发展的一种行为过程，应从三方面理解。

(1) 职业管理是组织为其员工设计的职业发展、帮助计划，有别于员工个人制订的职业计划。职业管理是从组织的角度出发，将员工视为可开发增值而非固定不变的资本。通过员工职业目标上的努力，谋求组织的持续发展，因此，职业管理带有一定的引导性和功利性。

(2) 职业管理必须满足个人需要与组织需要。职业管理力求满足员工的职业发展需要。组织只有充分了解员工的职业发展需要，才可能制定相应的政策和措施，帮助员工找到自己的答案，向他们提供相应的机会。同样，只有满足了员工的职业需要，才可能满足组织自身人力资源内部增值的需求。

(3) 职业管理的内容广泛，涉及面广。可以说，凡是组织对员工职业活动的帮助，均可列入职业管理之中，主要包括：①针对员工个人的各类培训、发展咨询、心理辅导、工作—家庭联系、讲座以及为员工自发强化技能、提高学历的学习提供便利等。②针对组织的各种人事政策和措施，如规范职业评议制度、建立和执行有效的内部升迁制度、劳动保护与社会保障制度，等等。

9.3　职业开发的理论及模型

9.3.1　职业能力倾向及测量

职业能力倾向是指与个体成功地从事某种工作有关的能力因素，是一些对于不同职业的成功在不同程度上有所贡献的心理因素。

职业能力倾向测量则是一种测量人们从事某种职业或者活动潜在能力的评估工具。它可以发现一个人的潜在才能，预测个体在将来的学习和工作中可能达到的成功程度，帮助员工选择适合自己的职业。

职业能力倾向测量综合利用了心理学、行为学、管理学、测量学、计算机技术等多种学科和技术，通过严密的测评过程和客观的评分标准，对人的知识水平、能力结构、个性特点、职业倾向、发展潜能等素质进行综合测评，为企事业单位招聘、选拔、培养各类人才提供参考依据，同时也为个人的发展提供咨询。

具体而言，职业能力测量包括特殊性倾向测量、多重能力倾向测量、多项能力与职业意向测量。

1. 特殊性倾向测量

特殊性倾向测量属于系列式测量，包括机械倾向性测量、文书能力测量、心理运动能力测量、视觉测量四大类别多个测量方法，如表 9-2 所示。

表 9-2 特殊性倾向测量方法

测量方法	具体内容
机械倾向性测量	主要是测量人们对机械原理的理解和判断空间形象的速度、准确性以及手眼协调的运动能力。该测量运用最广，确实有效的测量对象是机械工、设计师、修理工、工程师和技工等，通常用明尼苏达空间关系测验和贝内特机械理解测验两个工具
文书能力测量	是专门了解个人打字、速记、处理文字和联系工作能力的测验。适合于科室和文职人员能力测量，常用明尼苏达文书测验、一般文书测验两个工具
心理运动能力测量	主要测量工业中许多工作所需的肌肉协调、手指灵巧或者眼与手精确协调等技能
视觉测量	是利用远双目镜或视力分类机等，对视力的多种特征进行测验，以评定其符合一定工作的需求

2. 多重能力倾向测量

多重能力倾向测量由测各种不同能力的分测量组成，可以一般地了解人的潜能方向。多重能力倾向测量可以说是多种能力倾向测量的复合体，包含着几个不同性质的分测量。典型的多重能力倾向测量包括多个分测量，也包括各分测量不同的能力倾向。

多重能力倾向测量的常模通常根据一个标准化的团体建立，因此测量得到的各分测量的分数可以直接相互比较，从而判断一个人的优势和劣势。

多重能力倾向测量主要是纸笔形式的测量，一般不使用仪器，因而可以同时对不同的人群进行施测。

在多重能力倾向测量中，普通能力倾向成套测验(GATB)是具有代表性且应用较广的一种工具。这套测量主要是实现对许多职业领域中工作所必需的几种能力倾向的测定。它由 15 种测量项目构成，其中 11 种是纸笔测量，其余 4 种是操作测量，两种测量可以测定 9 种能力倾向，具体内容如表 9-3 所示。

表 9-3　GATB 测验 9 种因素具体内容

9 种因素	具体内容
G——智能	指一般的学习能力。即对测验说明、指导语和诸原理及其理解能力、推理判断的能力、迅速适应新环境的能力
V——言语能力	指理解言语的意义及与它关联的概念，并有效地掌握它的能力。对言语相互关系及文章和句子意义的理解能力。也包括表达信息和自己想法的能力
N——数理能力	指在正确快速进行计算的同时，能进行推理、解决应用问题的能力
Q——书写知觉	指对词、印刷物、各种票类之细微部分正确知觉的能力。能直观地比较辨别词和数字，发现有错误或校正的能力
S——空间判断能力	指对立体图形以及平面图形与立体图形之间关系的理解、判断能力
P——形状知觉	指对实物或图解之细微部分正确知觉的能力。根据视觉能够对图形的形状和阴影部分的细微差异进行比较辨别的能力
K——动作协调	指正确而迅速地使眼和手相协调，并迅速完成操作的能力。要求手能跟随着眼能看到的东西正确而迅速地做出反应动作，并进行准确控制的能力
F——手指灵巧度	指快速而正确地活动手指，用手指很准确地操作细小东西的能力
M——手腕灵巧度	指随心所欲地、灵巧地活动手及手腕的能力，如拿着、放置、调换、翻转物体时手的精巧运动和腕的自由运动能力

这种能力倾向测量，可以从个人在完成各种职业所必要的能力中，提炼出各种职业对个人所要求的最有特征的 2～3 种，其中纸笔测量可集体进行。记分采用标准分数，各能力因素的原始分数转换为标准分数后便可绘制出个人能力倾向剖析图，与职业能力倾向类型比照，被试者就可以从测量结果中知道能够充分发挥个人能力特性的职业活动领域。

3．多项能力与职业意向测量

多项能力与职业意向测量主要围绕六个维度对社会大多数职业活动进行测评，具体包括语言理解和组织能力、概念类比能力、数学能力、抽象思维能力、空间推理能力、机械推理能力。这里每一个能力维度组成一类测验。

(1) 语言理解和组织能力。主要考察对语言表达的基本理解，对语法规则、语义、语言习惯的熟练掌握程度。测试一般设置 20 道题，限时 8 分钟。

(2) 概念类比能力。考察对概念关系的理解、对逻辑的理解和进行类比的能力。测试一般设置 50 道题，限时 22 分钟。

(3) 数学能力。考察对数量关系的理解和掌握，对各种运算规则的熟练运用和对各种数学现象的敏感力。测试一般设置 40 道题，限时 22 分钟。

(4) 抽象思维能力。考察对事物变换所反映的内在规律的敏感性和对事物的抽象、概括的逻辑分析能力。测试一般设置 45 道题，限时 25 分钟。

(5) 空间推理能力。考察对图形进行表象加工、旋转的能力，尤其考察人们通常所指的空间认知和形象思维能力。测试一般设置 60 道题，限时 25 分钟。

(6) 机械推理能力。考察人们对一般自然常识、物理现象的认识水平，考察人们对基本的物理规律和机械规则的敏感性与掌握程度。测试一般设置 70 道题，限时 22 分钟。

测验一般采取纸笔测验和计算机测验的形式，测验结果表现为一组不同能力倾向的分数，它提供了一个智能剖面图，显示出个体在以上 6 个维度的具体能力，根据剖面图上的强弱分布，制定科学的职业排序，同时指出最适宜的职业所应具备的受教育水平和关键能力，从而为职业咨询提供参考。

9.3.2　职业的适应度及测量

职业的适应度，是指人类从事某项工作所必须具备的生理、心理素质特征。它源于先天因素和后天环境的相互作用，包括从生理上到心理上的适应、从职业岗位到社会生活的适应，具体内容主要体现在 5 个方面，如图 9-2 所示。

图 9-2　职业适应度的内容

职业适应度测量是指通过一系列科学的测评手段，对人的身心素质水平进行评价，使人与职业匹配合理、科学，以提高工作效率、减少事故。职业适应度测量一般不具有强制性，仅作为人才选拔和留用的参考。

职业适应度测量的内容主要有动机水平测量、需求测量和职业兴趣测量三大项，具体如表 9-4 所示。

表 9-4　职业适应度测量的内容

职业适应度测量	具体内容
动机水平测量	常用测量方法为编制生活特性问卷，包括亲和动机、风险动机、成就动机和权力动机
需求测量	其设计与建构参考了马斯洛的需求层次理论所提出的人类 5 种需求形式，以测试应试者对生理需求、安全需求、归属需求和爱的需求、自尊的需求和自我实现的需求等各大类生活需求的发展程度
职业兴趣测量	职业兴趣是职业的多样性、复杂性与就业人员自身个性的多样性相对应下反映出的一种特殊心理特点，是人们选择职业的依据

9.3.3　职业发展阶段理论

职业生涯是一个人长期的发展过程，在不同的发展阶段，个人有着不同的职业需求和人生追求。职业生涯发展阶段的划分是职业生涯规划研究的一个重要内容。历年来，在人类不同职业发展阶段的问题上，世界很多著名的专家、学者在相关知识经验的积累以及现有各种理论的基础上，先后组织形成了自己的、独特的职业发展阶段理论。

目前较为著名的职业发展阶段理论有萨珀的职业生涯发展理论、格林豪斯的职业生涯发展阶段理论以及加里·德斯勒职业生涯 5 阶段等。

1．萨珀的职业生涯发展理论

萨珀集差异心理学、发展心理学、职业社会学及人格发展理论之大成，通过长期的研究，系统地提出了有关职业生涯发展的观点。1953 年，他根据自己"生涯发展形态研究"的结果，将人生职业生涯发展划分为成长、探索、建立、维持和衰退共 5 个阶段。

(1) 成长阶段(0～14 岁)

成长阶段属于认知阶段。在这个阶段，孩童开始发展自我概念，学会以各种不同的方式来表达自己的需要，且经过对现实世界不断地尝试，修饰他自己的角色。这个阶段的任务是：发展自我形象，发展对工作的正确态度，并了解工作的意义。这个阶段共包括三个时期。

① 幻想期(4～10 岁)，它以"需要"为主要考虑因素，在这个时期幻想中的角色扮演很重要。

② 兴趣期(11～12 岁)，它以"喜好"为主要考虑因素，喜好是个体抱负与活动的主要决定因素。

③ 能力期(13～14 岁)：它以"能力"为主要考虑因素，能力逐渐具有重要作用。

(2) 探索阶段(14～25 岁)

探索阶段属于学习打基础的阶段。该阶段的青少年，通过学校的活动、社团休闲活动、打零工等机会，对自我能力及角色、职业做了一番探索，因此选择职业时有较大弹性。这个阶段的任务是：使职业偏好逐渐具体化、特定化并实现职业偏好。这阶段也包括三个时期。

① 试探期(15～17 岁)，考虑需要、兴趣、能力及机会，做暂时的决定，并在幻想、讨论、课业及工作中加以尝试。

② 过渡期(18～21 岁)，进入就业市场或专业训练，更重视现实，并力图实现自我观念，将一般性的选择转为特定的选择。

③ 试验承诺期(22～24 岁)，生涯初步确定并试验其成为长期职业生活的可能性，若不适合则可能再经历上述各时期以确定方向。

(3) 建立阶段(25～44 岁)

建立阶段属于选择、安置阶段。由于经过上一阶段的尝试，不合适者会谋求变迁或做其他探索，因此该阶段较能确定在整个事业生涯中属于自己的职位，并在 31～40 岁开始考虑如何保住该职位并固定下来。这个阶段的任务是统整、稳固并求上进。这个阶段细分又可包括两个时期。

① 尝试期(25～30 岁)，个体寻求安定，也可能因生活或工作上若干变动而尚未感到满意。

② 稳定期(31～44 岁)，个体致力于工作上的稳固，大部分人处于最具创意时期，由于资深往往业绩优良。

(4) 维持阶段(45～65 岁)

维持阶段属于升迁和专精阶段。个体仍希望继续维持属于他的工作职位，同时会面对新员工的挑战。这一阶段的任务是维持既有成就与地位。

(5) 衰退阶段(65 岁以上)

衰退阶段属于退休阶段。由于生理及心理机能日渐衰退，个体不得不面对现实——从积极参与到隐退。这一阶段往往注重发展新的角色，寻求不同方式以替代和满足需求。

2. 格林豪斯的职业生涯发展阶段理论

格林豪斯研究人生不同年龄段职业发展的主要任务，并以此将职业生涯划分为 5 个阶段。

(1) 职业准备。典型年龄段为 0～18 岁。主要任务是发展职业想象力，对职业进行评估和选择，接受必需的职业教育。

(2) 查看组织。18～25 岁为查看组织阶段。主要任务是在一个理想的组织中获得一份工作，在获取足量信息的基础上，尽量选择一种合适的、较为满意的职业。

(3) 职业生涯初期。处于此期的典型年龄段为 25～40 岁。学习职业技术，提高工作能力；了解和学习组织纪律和规范，逐步适应职业工作，适应和融入组织；为未来的职业成功做好准备，是该阶段的主要任务。

(4) 职业生涯中期。40～55 岁是职业生涯中期阶段。主要任务是对早期职业生涯重新评估，强化或改变自己的职业理想；选定职业，努力工作，有所成就。

(5) 职业生涯后期。从 55 岁直至退休为职业生涯的后期。继续保持已有职业成就，维护尊严，准备隐退，是这一阶段的主要任务。

3. 加里·德斯勒职业生涯 5 阶段

美国著名的人力资源管理专家加里·德斯勒综合了其他专家的研究成果，将职业发展周期划分为五个阶段，即成长阶段、探索阶段、确立阶段、维持阶段和衰退阶段，具体内容如表 9-5 所示。

表 9-5　加里·德斯勒职业生涯 5 阶段

5 个阶段	具体内容
成长阶段	这一阶段一般为 0～14 岁，个人通过与不同社会成员之间的交往和相互作用，逐渐建立起自我的概念，形成对自己的兴趣和能力的一些基本看法，并对现实中的职业类别有初步的了解

5 个阶段	具体内容
探索阶段	这一阶段一般为 15～24 岁，个人认真地探索各种可能的职业选择，根据个人性格特点以及对各类职业的了解，试图和自己的个人兴趣和能力匹配起来，做出尝试性的职业选择初步决策
确立阶段	这一阶段一般为 25～44 岁，一部分人在这一黄金时期找到自己的终身职业，并全力以赴发展自己的事业；另一部分人则仍然在不断地尝试选择不同的职业，以更好地实现自己的理想
维持阶段	这一阶段一般为 45～60 岁，大多数人的职业生涯已经发展到了后期，并拥有了一定的成就和社会地位，因为他们在这一阶段主要是维持自己在工作领域中取得的成绩，保持自己的地位
衰退阶段	这一阶段一般在 60 岁以上，这一阶段要面对退休时期职业生涯的衰退阶段，个人的权力和责任不断减少，开始进入角色的转换阶段，准备迎接退休后的生活

小　结

　　职业开发，也叫职业规划，指个人与组织相结合，在对一个人职业生涯的主客观条件进行测定、分析、总结的基础上，对自己的兴趣、爱好、能力、特点进行综合分析与权衡，结合时代特点，根据自己的职业倾向，确定其最佳的职业奋斗目标，并为实现这一目标做出行之有效的安排。

　　职业规划需要遵循一定的原则，其中对自己的认识和定位是重要的。在全球化的竞争环境下，每个人都要发挥出自己的特长。有自我生涯规划的人会有清晰的发展目标，只有找准自己的角色定位才能取得最大的成功。很多时候失败并不代表没有能力，而是角色定位的失败。一份好的职业规划正是对个人角色的有效定位的方式。

第 10 章　职业生涯管理

10.1　职业生涯管理概述

10.1.1　职业生涯管理理论的核心理念

职业生涯管理是指根据组织发展和人力资源规划的需要，在组织中制订与员工职业生涯整体规划相适应的职业发展规划，为员工提供适当的教育、培训、轮岗和提升等发展机会。职业生涯管理是人本管理和系统管理的重要表现。一方面，职业生涯管理立足于人的高级需要，即社会尊重、自我实现的需要，通过提高员工的专业技能和综合能力，从而增强他们自身的竞争力；另一方面，职业生涯管理又是一个最大限度满足员工和组织双方需求的动态过程。

职业生涯管理理论的核心理念是职业生涯管理理论与实践的出发点和归宿，对职业生涯管理理论的研究和实际操作均具有重要的指导作用。基于人的主体性和社会性，职业生涯管理理论的核心理念可归结为以下几点。

1．以人为本

职业生涯的管理基于人的多层次需要，应以职业的客观和主观共同成功为导向，即职业发展既要重视客观上的"晋升和薪酬"，又不能忽视主观上的"精神满足"。追求人的自由而全面的发展是职业生涯管理的终极目标。

2．人力资本的持续开发与终身学习

职业生涯管理应把人当作主体，看到人的主体性，即自主、自为和对自然生命的超越性，并以此区别于动物的受动性。知识经济的到来为人们的终身学习和人力资本持续开发创造了条件。每一个人的职业发展都应力争做到"退而不休"。

3．工作、家庭和社会和谐平衡

职业生涯管理应避免工作与家庭隔离和对社会责任的忽视。工作是为了更好地生活，而不仅是养家糊口。除了工作，还应像当代英国思想家、管理学大师查尔斯·汉迪所倡导的，尝试寻求"组合式人生"，即工作组合除了"有偿工作"，还应做些"无偿工作——家政、志愿、研习等"，此外，还应兼顾休闲。

4．职业生涯发展重在体验、探索、创造生命意义

人的潜能是无限的，决定了人的职业追求永无止境。人的生命的价值和尊严，从根本上来说，是创造意义而不是满足于世俗的物质需求。职业生涯管理应倡导人们拥有终生探索的事业。

10.1.2　影响职业生涯管理的因素

影响职业生涯的因素主要有两个方面：个人因素和社会因素。前者主要包括职业倾向、个人能力、职业锚和人生阶段；后者包括外部社会环境因素和企业内部管理状况因素。

1．个人因素

个人因素的具体表现及内容如表 10-1 所示。

表 10-1 影响职业开发的个人因素

个人因素	包含项目	具体内容	
职业倾向	技能倾向	具有技能倾向的人适合从事包括体力活动并且需要一定技术、力量和协调性才能承担的职业，如机械师、烹饪师等	
	研究倾向	具有这种倾向的人适合从事包含较多认知活动的职业，如医师、教授、科学家等，而不是以感知活动为主要内容的职业	
	社交倾向	具有这种倾向的人适合从事有着大量人际交往内容的职业，善于沟通，喜欢社交，乐于助人，如社会工作者、外交人员等	
	事务倾向	具有这种倾向的人通常从事包含大量结构性的且规则较为固定的活动的职业，在这些职业中雇员需要服务于组织的需要	
	经营倾向	这类人群喜欢从事通过语言活动影响他人的职业，如管理人员、律师、推销员、公关人员等	
	艺术倾向	这类人群善于从事包含大量自我展示和表现、艺术创造、情感表达以及个性化活动的职业，如艺术家、广告制作者、演员、音乐家等	
个人能力	体能	即生理素质，指人的健康程度、强壮程度，对劳动负荷的承受能力和疲劳消除能力	
	心理素质	指人的心理成熟程度，表现为对压力、挫折、困难等的承受力	
	智能	智力	员工认识事物、运用知识解决问题的能力，包括观察力、理解力、思维判断力、记忆力、想象力、创造力等
		知识	员工通过学习、实践等活动所获得的理论与经验
		技能	员工在智力、知识的支配和指导下操作、运用、推动各种物质与信息资源的能力
职业锚	技术型	职业发展围绕自己擅长的、特别的技术能力或特定的职业工作能力而发展	
	管理型	职业发展沿着组织的权力阶梯逐步攀升，直到担负全面管理的职位	
	创造型	职业发展围绕创业性而努力，如创造新产品、新服务、新发明或者新事业	
	自主型	喜欢自主决定自己的命运，希望自行决定自己的时间、生活方式和工作方式	
	稳定型	这类人群极为重视职业稳定和工作保障，喜欢在熟悉的环境中维持工作	
人生阶段	五个阶段	包括成长阶段、探索阶段、确立阶段、维持阶段和下降阶段，不同阶段职业发展的重点和内容不同	

2．社会因素

职业开发的社会影响因素主要包括外部社会环境因素和企业内部管理状况因素。其中外部社会环境因素主要包括以下几个方面。

(1) 经济发展水平。经济发展水平高的地区，企业相对集中，优秀的企业较多，个人选择的机会也多，因而有利于职业的发展；反之，则个人职业发展受限。

(2) 社会文化环境，包括教育条件和水平、社会文化设施等。在良好的社会文化环境中，个人能受到良好的教育和熏陶，从而为职业发展打下良好的基础。

(3) 政治制度和氛围。政治和经济相辅相成，不仅直接影响一国的经济，还影响企业的组织体制，从而影响个人的职业生涯发展。此外，政治制度和氛围还会潜移默化地影响个人的追求，从而对职业生涯产生影响。

(4) 社会价值观念。生活在社会环境中的每个人都必然会受到社会价值观的影响。大多数人的价值取向会被社会主体价值观念所左右。人的思想发展、成熟的过程，实际上是对社会主体价值观念的接受和认可的过程。因此，社会价值观念正是通过影响个人价值观而影响到个人的职业选择的。

企业内部管理状况因素则涵盖了三个方面。

(1) 企业文化。企业文化决定了企业对员工的态度，因此，企业员工的职业生涯是受企业文化影响的。那些提倡员工参与的企业比独裁的企业更能为员工提供较多的发展机会，渴望发展、勇于挑战的员工很难在论资排辈的企业中获得好的发展空间。

(2) 管理制度。员工的职业生涯发展最终离不开企业制度的影响，包括培训制度、晋升制度、考核制度、奖惩制度等，企业的价值观、经营哲学只有渗透到制度中才能得到贯彻。

(3) 领导者素质和价值观。企业文化和管理风格与其领导的素质及价值观有直接关系。领导者不关注员工职业发展的企业，员工的发展也就无从谈起。

10.2 职业生涯的自我管理

10.2.1 员工的自我认知及周边认知

员工的职业生涯设计要以其对自身和周边的认知为出发点，只有对自身和环境有了充分的认知，才能确保为自己设计出切实可行的职业生涯目标，并制定出相应的行动方案。

1. 自我认知

自我认知是指员工个人对自己的了解和认识，其中包括认识自己的长处和不足，有意识地调整自己的心态、意向、动机、个性和欲望，并及时对自己的行为进行反省等。

只有充分认识自己，才能最大限度地发挥个人的潜能，避免高估或者低估自己的能力，盲目规划职业生涯。因此，个人的职业规划应当建立在对自身客观的认知的基础上，并为自己制定客观的发展目标和职业构想，从职业活动中不断发挥自己的潜能，逐步提升自己的成就感。

自我认知有三个角度需要关注，具体如表 10-2 所示。

表 10-2　自我认知的三个角度

自我认知的三个角度	具体内容
自我分析	自我分析从个人、事业、家庭三个方面进行，其中家庭分析包括个人的生活品质、家庭关系和家人的健康
个人分析	个人的职业兴趣、性格、职业能力、职业性向以及个人的健康状况，自我充实以及个人的休闲情况等
事业分析	个人的财富状况、社会地位、自我实现情况

自我认知的方法包括职业管理测评的一些工具以及其他不计其数的方法，这些方法的共同点是必须有专业咨询机构的专家指导才能有效运行。但在实际工作中，这些方法因其自身特点执行度并不高，所以需要一个长期的、持续改进的过程，并将其中的有些方法结合运用才行。

(1) 职业价值观法。明确自己希望从工作中获得什么，可以反映出对报酬、奖励、晋升、发展或者职业中的其他方面的不同期待。

(2) 职业兴趣法。明确自己的兴趣所在，兴趣是价值观的反映，必须与具体的任务或者活动联系起来。人们从事的职业活动与兴趣相关度越高，对工作的满意度则越高。

(3) 性格倾向法。明确自己适合做什么，借助一些性格测试工具，对自己的性格倾向进行分析和判断，从而作为自己选择职业的参考。

(4) 才能潜质法。明确自己能做什么，个人才能是职业生涯管理中最重要的部分之一，反映了个体能够做什么或者通过适当的培训后所能胜任的工作。

可见，兴趣、价值观、性格和才能对一个人的职业决策都能产生影响，这些因素彼此关联，相互作用。尽管在有些情况下，人们可以将其分开，但更多的时候需要将它们视为一个整体，以便更好地认知自我，完善自我。

常用的自我分析诊断方法有以下几种。

(1) 自我访谈记录表。

(2) 斯特朗—坎贝尔个人兴趣调查问卷。

(3) 奥尔波特—弗农—林赛价值观量表。

(4) 24 小时活动日记。

(5) "重要人物"访谈记录。

(6) 生活方式描述。

2．员工的周边认知

员工对周边环境的认知主要分为对周边社会环境的认知和对周边组织环境的认知。前者主要是指对社会大环境的认识和分析，如当前社会政治，经济发展趋势，社会热点职业门类与需求情况，自己所选择的职业在当前与未来社会中的地位情况等。

员工对周边组织环境的认知则包括对自己所属组织的内部环境分析以及组织面临的外部环境分析两个方面，具体内容如表 10-3 所示。

表 10-3　员工对周边组织环境的认知

周边环境认知	具体内容	
组织内部环境分析	组织特色分析	如组织结构、组织文化、人员流动等
	经营战略分析	包括组织发展战略与措施、竞争对手、发展态势等
	人力评估	包括人才的需求预测、晋升规则、培训方法、招募方法等
	人力资源管理	包括人事管理方案、薪资报酬、福利措施和员工关系等
组织外部环境分析	组织面临的市场状况	
	组织在行业内的地位	
	所从事行业的发展状况及前景	

10.2.2　职业锚

职业锚理论产生于在职业生涯规划领域具有"教父"级地位的美国麻省理工学院斯隆商学院、美国著名的职业指导专家埃德加·H. 施恩教授领导的专门研究小组，于该学院毕业生的职业生涯研究中演绎而成。

职业锚，又称职业系留点。锚是使船只停泊定位用的铁制器具。职业锚，也就是人们选择和发展自己的职业时所围绕的中心，是指当一个人不得不做出选择的时候，仍然要坚守的职业中的那种至关重要的东西或价值观。

职业锚是自我意向的一个习得部分。个人进入早期工作情境后，由习得的实际工作经验所决定，与在经验中自省的动机、价值观、才干相符合，达到自我满足和补偿的一种稳定的职业定位。职业锚强调个人能力、动机和价值观三方面的相互作用与整合。职业锚是个人同工作环境互动作用的产物，在实际工作中是不断调整的。

职业锚问卷是国外职业测评运用最广泛、最有效的工具之一。职业锚问卷是一种职业生涯规划咨询、自我了解的工具，能够协助组织或个人进行更理想的职业生涯发展规划。

10.2.3 员工职业生涯周期管理

1. 员工早期职业生涯的特点和问题

员工在进入职业生涯前做好思想准备和知识储备，进入组织后，要熟悉工作环境，树立良好的职业形象，建立稳固的人际关系，掌握职业技能。

员工早期职业生涯具有以下几个特点。

(1) 进取心强，具有积极向上、锐意进取、争强好胜的心态。

(2) 学习能力和适应能力强，具有远大的职业抱负。

(3) 在职场中，职业竞争力不断增强，踌躇满志，具有做出一番轰轰烈烈事业的信心和准备。

(4) 开始组建家庭，并逐步学习调适家庭关系的能力，承担家庭责任。

在步入职场前，员工面临的主要问题是确立合适的职业生涯目标，选择合适的职业，并积极准备应聘，进入理想的组织。当真正进入职业生涯后，其重心发生转移，要从适应新环境、新工作、新岗位开始，检验自己是否获得了理想的岗位，过去的职业知识、技能、经验、能力是否适应新岗位的需要。

此外，还需要在职场中建立和谐的人际关系；在组织中逐步锻炼、成长，确立自己的职业声望，稳固自己在组织和专业领域中的地位。

2. 员工中期职业生涯的特点和问题

职业生涯中期是一个时间周期长、富于变化，既有可能获得职业生涯成功，又有可能出现职业生涯危机的一个关键职业生涯发展阶段。作为人生最漫长、最重要的时期，其特殊的生理特征和家庭特征使其职业生涯发展面临着特殊的问题与管理任务。

员工中期职业生涯的特点主要体现在生理、职业及家庭三个方面，如表 10-4 所示。

表 10-4　员工中期职业生涯特点

中期特点	具体内容
生理特征	精力旺盛
	对年龄的增长愈发敏感
	有就业机会焦虑
职业特征	个人职业能力稳步提升，逐渐成熟
	工作业绩突出，成为组织的业务骨干
	有创造力，工作经验丰富
家庭特征	工作与家庭冲突显现
	经济负担较重，有生活压力
	学会处理家庭关系，尤其是与子女的交流障碍

这一阶段的员工所面临的问题主要表现为以下几点。

(1) 缺乏组织认同和专业认同。在组织中工作平平，没有明显的优势和专长，也没有突出的业绩，不被组织和其他员工赏识，缺乏成就感，职业满意度较低或越来越低。

(2) 现实与理想的不一致。理想的职业目标与现实工作业绩存在差距。

针对此阶段的特点及问题，员工要调整好心态，做到以下几点。

(1) 要保持积极乐观的心态，主动寻找缓解或释放压力的方法和途径；同时注意身心健康，树立终身学习的理念。

(2) 重新思考自己的成功标准和目标定位，适当考虑降低职业生涯目标和人生目标。

(3) 理性面对新的职业与职业角色。

(4) 协调好个人生命周期、职业生涯周期和家庭生命周期的关系，处理好工作、家庭和个人发展的关系。

3．员工后期职业生涯的特点及问题

员工后期职业生涯的特点主要表现为以下几点。

(1) 进取心、竞争力和职业能力明显下降。

(2) 权力、责任和中心地位逐渐下降，在组织中的角色发生明显变化。

(3) 知识经验丰富，在专业领域具有较高的地位、声望和影响，仍在组织中发挥独特作用。

(4) 观念、知识以及技能相对老化，对新生事物的敏感性下降。

针对员工后期职业生涯的特点，需要从以下几个方面入手，积极调整心态。

(1) 欣然接受客观事实，学会接受和发展新角色。

(2) 接受权力、责任和中心地位的下降，将生活的重心从工作转向个人活动和家庭生活。

(3) 培养接班人，将自己的经验、技能、感受和理解以科学的方式和方法传授给年轻人，培养师徒感情。

(4) 回顾自己的整个职业生涯，着手准备退休。

10.2.4　员工职业生涯规划的操作程序

1．自我评估

自我评估是对员工自身的性格、能力、兴趣等个体特征进行分析，是职业生涯规划的重要环节之一。员工通过一系列的自我评估和定位，明确自己的职业意愿和可能的职业方向。

对个人特征进行分析主要有测验和自我反思的方法。一般来说，自我评估通常围绕以下几个问题展开。

(1) 自己喜欢什么样的工作？

(2) 自己擅长什么？有什么工作技能或者经历对职业发展有帮助？

(3) 现在年龄多大？处于职业探索期、维持期还是衰退期？

(4) 自己的职业追求主要是什么？

(5) 自己的性格特点是什么？更适合做哪一类工作？

(6) 现在的工作对自己的重要程度。

(7) 与工作相关的其他考虑(如家庭)是什么？

2．职业生涯机会评估

职业生涯机会评估，是指对能影响个体职业生涯发展的组织和社会环境进行分析，考虑某职业的技能要求、竞争程度、进入难度等。一般评估职业机会要先了解意向职业的分类归属、职业性质、备选组织的总体情况，然后做职业的 SWOT 分析。

(1) 优势(Strength)，即自己与竞争对手相比具有优势的方面，如有出色的外语能力、有计算机软件开发的专业背景、身体素质好等。

(2) 劣势(Weakness)，即与竞争对手相比处于落后的方面，如表达能力不如对手、写作能力较弱等。

(3) 机会(Opportunity)，即有利于职业选择和职业发展的一些机会，如部门领导空缺、迎来新的行业爆发期等。

(4) 威胁(Threat)，即存在潜在风险的方面，如企业效益连年亏损、被直接领导排挤等。

3. 设定职业生涯目标

职业生涯目标的设定是职业规划的核心。职业生涯目标应具有两个特性，即可行性与挑战性。选择切实可行又需要付出努力才能实现的职业目标是激励员工不断提升自己的前提。

职业目标按照时间周期可以分为 1~2 年的短期目标、3~5 年的中期目标以及 5~10 年的长期目标。其中长期职业目标不要求具体，但可以设立得远大一些，以后根据情况的变化不断滚动调整。

4. 选择职业生涯路线

在明确职业目标后，员工需要选择一条能够实现目标的职业生涯路线。职业生涯路线并不唯一，也非一成不变。个人的职业生涯路线会随着职业目标的改变而随时进行调整，并且同一职业目标下也会有多条发展路线。

5. 制订行动计划与措施

在确定职业生涯目标和职业生涯路线后，就要开始制订行动计划，也就是明确落实目标的具体措施，包括工作、训练、教育、轮岗、建立必要的人脉和社会网络等，以保证职业生涯规划的实现。

在这个过程中，员工一方面要加强与上级、同事、人力资源部门的沟通，听取他们的建议和意见；同时，也要将自己职业发展的规划传达给组织，争取获得组织的支持。

6. 执行职业计划

这一阶段的核心在于员工个人的恒心、战胜困难的毅力、解决问题的能力。组织也要切实给予员工必要的帮助和支持，帮助员工更好地执行职业计划。

7. 评估与调整

影响职业生涯规划的因素有很多，在实现目标的过程中，每一个环节都可能会影响到职业生涯规划的进程。随时对现有的职业生涯规划进行评估和调整，是保持其有效性的关键。调整的内容侧重于职业发展路线的选择、职业目标的修正以及实施的措施等。

10.3 组织职业生涯管理

10.3.1 组织职业生涯管理概述

组织职业生涯管理，是组织为了自身战略发展的需要，协助员工规划其职业生涯的发展，并为员工职业生涯发展设计通道，提供必要的教育、培训、轮岗、晋升等发展机会，是组织为了达成组织和个人的目标而采取的一系列旨在开发人潜力的措施。

组织职业生涯管理对组织和员工个人都具有重要的意义。

1. 对组织的意义

组织职业生涯管理对组织的意义，主要表现在以下几个方面。

(1) 帮助企业了解其员工的不同个性和职业需求等信息，盘点企业的人才资源及知识、技能存量。储备了人才，在需要时可有效、充分地利用本企业人力资源。

(2) 帮助组织了解员工的现状、需求、能力及目标，调和他们同企业在现实和未来可提供的职业机会与挑战间的矛盾，避免员工"走弯路"，动态提高人力资源配置的合理性。

(3) 职业生涯管理能深层次地激励员工，持久、内在地调动员工的积极性和潜能，并培养其对组织的忠诚度、归属感。

(4) 在员工与企业间建立了长期"心理契约"，增加了现有员工队伍的稳定性。

(5) 职业生涯的有关开发和管理活动优化了劳动力技能，提升了企业人力资源的竞争力，也提升了企业的竞争力，使组织得以持续发展。

2. 对员工个人的意义

对员工个人而言，其意义体现在以下方面。

(1) 这种创新的管理包含着"开发"的意义，通过培训、轮岗等活动可有效提高员工技能和素质，可使员工实现自我价值的不断提升和超越，心理成就感的追求得到满足。

(2) 增强员工对自身和职业环境、职业机会的把握能力，更加顺利地实现职业发展。通过开展职业生涯规划、咨询、测评等工作，可使员工更加清楚地了解自身的长处和短处，及适合的职业发展方向。

(3) 帮助员工协调好职业生活与家庭生活的关系，更好地实现人生目标。职业生涯管理将员工的职业生涯发展置于其总生命空间中考虑，即综合考虑职业生活同个人事务、婚姻家庭等其他生活目标的平衡，帮助员工克服或避免顾此失彼、左右为难的困境。

10.3.2　组织职业生涯管理的内容

组织职业生涯管理主要有以下几个方面的内容。

1. 协调组织目标与员工个人目标

要做好组织目标与员工个人目标之间的协调，组织需要完成以下几项工作。

(1) 树立人力资源开发思想。人力资源管理强调组织不仅要用人，还要育人。而职业管理就是培养人才的重要途径，组织只有树立了人力资源开发的思想，才能真正实现职业管理。

(2) 了解员工需求。员工的需求是多样化的，不同的员工有不同的主导需求。组织只有准确把握员工的主导需求，才能采取针对性措施满足其需求。特别是组织的骨干员工，他们在个人发展上的愿望更为迫切，职业计划更为清晰，组织尤其应注意重点了解和把握。

(3) 组织与员工结为利益共同体。组织在制定目标时，要使组织目标包含员工个人目标，还要通过有效的沟通使员工了解组织目标，让他们看到实现组织目标给自己带来的利益。组织目标实现后，组织要兑现自己的承诺。

2. 帮助员工制订职业计划

为了帮助员工制订职业计划，组织可以采取以下措施。

(1) 设计职业计划表

职业计划表就是一张工作类别结构表，即通过将组织中的各项工作进行分门别类的排列，而形成的一个较系统地反映组织人力资源配给状况的图表。借助这张表，公司的普通员工、中低层管理人员以及专业技术人员就可以瞄准自己的目标，在经验人士、主管经理的指导下正确选择自己的职业道路。

(2) 为员工提供职业指导

组织为员工提供职业指导有三种途径。

① 通过管理人员进行，这也可以说是管理人员的义务。管理人员长期与下属共事，对下属的能力和专长有较深入的了解，所以有可能在下属适合从事的工作方面给其提供有价值的建议；另外，他也能帮助下属分析晋升及调动的可能性。

② 通过外请专家进行。组织可以外请专家为员工进行职业发展咨询。

③ 向员工提供有关的自测工具。组织可以购买一些帮助员工进行能力及个人特质方面的测试工具，供员工使用。

3．帮助员工实现职业计划

相对于帮助员工设计职业计划，组织在帮助员工实现职业计划方面有更多的工作可做，具体有以下几个方面。

(1) 在招聘时重视应聘者的职业兴趣并提供较为现实的发展机会

组织在招聘人员时，既要强调职位的要求，又要重视应聘者的愿望，特别是要注重了解应聘者的职业兴趣和对未来的职业发展计划。这是组织正确使用和培养人才的基本条件。如果一个组织连员工想干什么都不了解，就不可能为其安排合适的工作；如果组织根本不具备满足员工的长远职业计划的条件，员工也不可能在组织中长期工作下去。

(2) 提供阶段性的工作轮换

工作轮换对员工的职业发展具有重要意义，它一方面可以使员工在一次次的新尝试中了解自己的职业性向和职业锚，更准确地评价自己的长处和短处；另一方面可以使员工经受多方面的锻炼，拓宽视野，培养多方面的技能，从而为将来承担更重要的工作打下基础。

(3) 进行多样化、多层次的培训

培训与员工职业发展的关系最为直接。职业发展的基本条件是员工素质的提高，而且这种素质不一定要与目前的工作相关，这就有赖于持续不断的培训。组织应建立完善的培训体系，使员工在每次职业变化时都能得到相应的培训；同时，也应鼓励员工自行参加组织内外提供的各种培训。

(4) 以职业发展为导向的考核

许多人都认为考核的主要目的是评价员工的绩效、态度和能力，或者是为分配、晋升提供依据，但考核的真正目的应是保证组织目标的实现、激励员工进取以及促进人力资源的开发。考核不能满足于为过去做一个结论，更要使员工了解怎样在将来做得更好。以职业发展为导向的考核就是要着眼于帮助员工发现问题和不足，明确努力方向和改进方法，促进员工的成长与进步。为此，必须赋予管理人员培养和帮助下属的责任，把员工的发展作为衡量管理人员成绩的重要标准之一。应要求管理人员定期与员工沟通，及时指出员工的问题并与员工一起探讨改进对策。

(5) 晋升与调动管理

晋升与调动是员工职业发展的直接表现和主要途径。组织有必要建立合理的晋升和调动的管理制度，保证员工得到公平竞争的机会。

10.3.3 组织职业生涯管理的方案

组织实施职业生涯管理可以通过职务分析、员工素质测评建立健全的培训管理体系，实施完备的人力资源规划方案以及制定有效的职业生涯管理制度和方法。其中，员工个人、人力资源部门、直线部门以及上级的共同合作与努力是做好职业生涯规划与管理的基础。

组织在了解员工的能力和需求后，就可以从自身的发展战略出发，结合员工的不同阶段特点，进行员工的职业生涯管理。

1. 根据不同职业生涯阶段制定职业管理方案

员工职业生涯分为不同时期或阶段，在各个时期或阶段，员工的职业工作任务、任职状态、职业行为等都有所不同，会呈现出不同的特征。组织可以根据不同职业生涯期的个人职业行为与特征，确定每个阶段具体的职业管理任务与职业发展内容。

(1) 探索阶段

在本阶段，员工希望通过不同的工作或者组织来选定自己喜欢、适合长期从事的职业，而组织的任务则是做好招聘、挑选和配置工作，组织上岗培训，考察评定新员工，达成一种可行的心理契约，接纳和进一步整合新员工。

(2) 建立阶段

这一阶段是新员工与组织之间相互发现、建立相互认同的关键时期。此时的员工很关注自己在工作中的成长、发展和晋升机会。同时，组织通过试用和新工作的挑战，帮助和引导员工熟悉工作，融入组织，进而帮助员工建立和发展职业锚。

(3) 维持阶段

在本阶段，员工个人事业发展基本定型或趋向定型，个人特征表现明显，人生情感复杂化，容易引发职业生涯中期的危机。一方面，组织要通过多种方法，帮助员工解决诸多实际问题，激励他们继续奋进，将危机变成成长的机会，顺利度过中期职业阶段的危险期；另一方面，针对不同人的不同情况，组织要对其进行分类指导，为其指示和开通职业生涯发展的通道。

(4) 衰退阶段

在员工职业发展的后期，组织可以鼓励、帮助员工继续发挥自己的才能和智慧，传授自己的经验。同时，组织要帮助员工做好退休的心理准备和退休后的生活安排。此外，还要适时做好人员更替计划和人力调整计划。

2. 根据员工的年龄阶段制定职业管理方案

组织在为员工开展职业生涯规划时，需要依据不同员工的特点选择与其对应的职业生涯规划和方法。组织员工一般包括新员工、中期员工和老年员工，组织要针对这三类人群分别采取不同的职业生涯管理方法。

(1) 对新员工职业生涯管理方法

对新员工的职业生涯管理，组织可以为其提供一个富有挑战性的起步工作，这样的工作对新员工可以产生相当强的吸引力。实践证明，企业能够做的最重要事情之一就是争取做到为新员工提供的第一份工作具有符合这个人最初的意愿和带有挑战性的特点。提供富有挑战性的起步性工作是帮助新员工取得职业发展的有效方法和前提之一。

(2) 对中期员工职业生涯管理方法

提拔晋升，从职位晋升图中清晰地找到个人发展的路向，是最大的吸引力和动力。职业通路畅通，能够让有培养前途、有作为的员工努力去争取。有前途和看到希望才是留住人才的最大吸引力。同时，安排富有挑战性的工作和通过轮换岗位的方式让其保持新感觉，或者安排探索性的职业工作，对于处于职业中期的员工，是一种很实在而有效的方法。

(3) 对老年员工职业生涯管理方法

到职业后期阶段，员工退休(当前以及未来社会保险体系逐步健全)问题必然提到议事日程上。因此，到那时该考虑如何让这些员工发挥最大的"余热"。

小　结

组织职业生涯管理是组织从自身战略发展的需求出发，辅助组织成员完成职业生涯的规划、设计其职业生涯发展通道，以及为其提供教育、培训、轮岗、晋升等机会的一系列过程。

在职业生涯管理中，组织和个人相互需要、相互合作，个人的职业生涯以组织为依存载体，而组织的发展又离不开个人职业的开发与发展。因此，职业生涯的自我管理与组织的职业生涯管理只有相互配合，互相作用，才能实现共同发展。

开展职业生涯管理工作就是满足员工与企业组织双方需要的极佳方式，它将二者的需要、目标、利益相结合、相匹配，以达到动态均衡和协调，从而达到双赢效果。

参 考 文 献

[1] 谢晋宇. 企业培训管理[M]. 成都：四川人民出版社，2008.

[2] 张俊娟，韩伟静. 企业培训体系设计全案[M]. 北京：人民邮电出版社，2011.

[3] 唐建光，刘怀忠. 企业培训师教程[M]. 北京：北京大学出版社，2008.

[4] 孙宗虎，朴明哲. 用人能力培训全案[M]. 北京：人民邮电出版社，2008.

[5] 孙宗虎，姚小凤. 员工培训管理实务手册[M]. 3版. 北京：人民邮电出版社，2012.

[6] 杜方敏. 培训部[M]. 北京：电子工业出版社，2012.

[7] 高文举. 培训管理[M]. 广州：广东经济出版社，2001.

[8] 胡君辰. 人力资源开发与管理[M]. 上海：复旦大学出版社，1997.

[9] 张军征. 培训设计与实施[M]. 北京：清华大学出版社，2011.

[10] 周志忍. 现代培训评估[M]. 北京：中国人事出版社，1999.

[11] 余凯成. 现代人力资源管理[M]. 沈阳：东北大学出版社，1997.

[12] 张文贤. 人力资源开发与管理[M]. 上海：上海人民出版社，1996.

[13] 罗辉，张俊娟. 培训课程开发实务手册[M]. 北京：人民邮电出版社，2009.

[14] 王一江，孔繁敏. 现代组织中的人力资源管理[M]. 上海：上海人民出版社，1997.

[15] DESSLER，陈水华. 人力资源管理(亚洲版)[M]. 2版. 赵曙明，高素英，译. 北京：机械工业出版社，2013.

[16] 赵曙明. 中国企业人力资源管理[M]. 南京：南京大学出版社，1995.

[17] 赵西萍，宋合义，梁磊. 组织与人力资源管理[M]. 西安：西安交通大学出版社，1999.

[18] 郑绍廉等. 人力资源开发与管理[M]. 上海：复旦大学出版社，1996.

[19] 邹晓春. 培训管理工具大全[M]. 北京：人民邮电出版社，2011.

[20] 彭剑锋. 人力资源管理概论[M]. 上海：复旦大学出版社，2005.

[21] 石金涛. 培训与开发[M]. 3版. 北京：中国人民大学出版社，2013.

[22] 宋培林. 企业员工战略性培训与开发——基于胜任力提升的视角[M]. 厦门：厦门大学出版社，2011.